JN232485

CORRESPONDANCE FACILE EN FRANÇAIS

やさしいフランス語の手紙の書き方

共著
渡辺 洋
藤田 裕二
シルヴィ・ジレ

評論社

はじめに

　電話万能時代の今日、手紙を書く機会は驚くほど少なくなっていますが、どんなに電話好きの人でも外国へとなるとやはり手紙を利用することでしょう。とくにフランス人は、国内においても手紙を利用することが多く、世界的にみても文通を好む国民だといわれています。

　フランス語の手紙といっても、基本的にはフランス語で文章を書くこと、仏作文なのです。正確な文法知識をマスターし、基礎となる構文をおぼえれば、だれにでもフランス語の手紙が書けるはずです。ただ、手紙は特定の相手を対象に書かれます。したがって相手によって表現を変えなければならない場合があります。それが手紙文のむずかしいところでしょう。

　本書では、第一部「手紙の書き方」としてフランス語の手紙を書くときの一般的な注意事項を、第二部「実際の文例」として友人知人の間でいろいろな場合に交わされる私信を中心に、商業文を含めた文例を取り上げました。また各章のはじめによく使われる言い回しを［重要な表現］としてまとめ、説明を加え、語学的な注を付けました。左ページに日本文、右ページにフランス文の見開きにしたのは読み易さを考えてのことですが、これによってそれぞれの表現の違いを理解していただければ幸いです。

　実際にフランス語で手紙を書くときは、日本語をフランス語に直すのではなく、本書で取り上げた文例を参考に、はじめからフランス語で書く、つまりフランス語で考えて個性的な文章を書くよう心がけてください。

　ところで、手紙が盛んにやり取りされたローマ時代の歴史家ハリカルナッセウスのディオニューシオスは『古代ローマ史』の中で「文

は人なり」と書いています。この言葉は、後にビュフォンによってフランス・アカデミー入会（1753年8月25日）の際の演説で引用され、有名になりましたが、手紙を書く場合にも忘れてはならないことでしょう。

　手紙はまた、文書によるコミュニケーションであるともいわれています。「飾らず、自然に、明快に」を念頭において自由に書くことです。

　最後に本書の企画、刊行にあたり大変お世話になった評論社の人見邦男氏に深謝いたします。

　　1986年　初春　　　　　　　　　　　　　　　著　者

改訂にあたって

　本書が刊行されてからすでに18年になりますが、この間の情報システムの進歩には目をみはるものがあります。ファックス、携帯電話、パソコン、インターネット、電子メール、どれをとっても現代生活には欠くことのできない通信手段になりました。また本格的なグローバリゼーションの時代をむかえ、海外旅行や海外留学の機会も飛躍的に増えました。外国とのコミュニケーションの機会はますます増え、外国語を話し、読み、書く能力の必要性はますます高まっています。こうした時代の流れに対応すべく、この改訂版ではホームステイ先との手紙やファックスによるホテルの予約の仕方、また電子メールを送る上での注意などの項目を付け加えました。特に電子メールの発達により、フランス語で書く機会は今後増えこそすれ減ることはないと思われます。本書が今後もご愛読いただければ幸いです。

　　2004年春　　　　　　　　　　　　　　　　　著　者

目　次

はじめに

I　手紙の形式　7

1．フランス語の手紙の書き方　9
2．用紙とその使い方　12
3．封筒とその使い方　14
4．呼びかけ　16
5．前文　18
6．末文　20
7．結びの言葉　23

II　実際の文例　25

§1　文　通　27

[重要な表現] 27

1-1　友人の紹介で　34
1-2　二通目の手紙　36
1-3　外国の新聞・雑誌の文通欄への投書　38
1-4　文通の相手を市役所に照会　40
1-5　夏期講座で知り合ったドイツ女性へ　42
　❖さえら❖──書簡文学　44

§2　祝いの手紙　*45*

[**重要な表現**] *45*

2−1　クリスマスカード　*50*
2−2　年賀状　*52*
2−3　友人の誕生日を祝う　*54*
2−4　結婚を祝う　*56*
2−5　出産を祝う　*58*
2−6　友人のバカロレア合格を祝う　*60*

§3　お礼の手紙　*62*

[**重要な表現**] *62*

3−1　誕生日のプレゼントへのお礼　*66*
3−2　本を送ってくれた友人へのお礼　*68*
3−3　ホテルを予約してくれた知人へのお礼　*70*
3−4　お世話になったホスト・ファミリーへのお礼　*72*
3−5　パリを案内してくれた友人へのお礼　*74*
3−6　近況報告に対する返事　*76*

§4　おわびの手紙　*78*

[**重要な表現**] *78*

4−1　友人に無沙汰をわびる　*82*
4−2　依頼された本の発送遅延をわびる　*84*
4−3　予定変更によって訪問できなくなったことをわびる　*86*
4−4　東京を案内できないことをわびる　*88*

§5　見舞いの手紙　*90*

[**重要な表現**] *90*

5−1　入院した友人への見舞い　*94*
5−2　見舞状に対する返事　*96*
5−3　暑中見舞い　*98*

§6　招待の手紙　*100*

[**重要な表現**] *100*

❖さえら❖――郵便用語　*105*

6-1　知人を晩さんに招待する　*106*

6-2　晩さんへの招待に対する返事　*108*

6-3　来日する友人を自宅に招く　*110*

6-4　結婚披露宴へ友人を招待する　*112*

6-5　結婚披露宴への招待に対する返事　*114*

§7　紹介の手紙　*116*

[**重要な表現**] *116*

7-1　フランスの知人に渡仏する友人を紹介する　*120*

7-2　紹介された相手にはじめて手紙を出す　*122*

7-3　フランス人に家庭教師を紹介する　*124*

7-4　京都を旅行するフランス人に友人を紹介する　*126*

§8　通知・報告の手紙　*128*

[**重要な表現**] *128*

8-1　友人に到着を知らせる　*132*

8-2　帰国を知らせる　*134*

8-3　友人に転居を知らせる　*136*

8-4　友人に結婚を知らせる　*138*

8-5　ホスト・ファミリーに自分が世話になることを知らせる　*140*

§9　依頼の手紙　*142*

[**重要な表現**] *142*

9-1　個人教授を依頼する　*146*

9-2　本の購入をフランスの友人に依頼する　*148*

9-3　渡仏する友人の世話を依頼する　*150*

9-4　ファックスでホテルの部屋の予約を依頼する　*152*

9-5　入学案内書の送付を依頼する　*154*

§10　照会の手紙　*156*

[重要な表現] *156*

10−1　友人の消息を家族に問い合わせる　*160*
10−2　書籍の注文、問い合わせ、カタログ請求　*162*
10−3　郵便物の不着を問い合わせる　*164*
10−4　留学先へホームステイの問い合わせをする　*166*
10−5　フランスの観光協会に問い合わせる　*168*

参考文献　*170*

付　録　*171*

1．名刺　*172*
2．履歴書　*174*
3．証明書　*176*
4．電報　*179*
5．コンピュータと電子メール　*180*
6．県別郵便番号　*181*

さくいん　*183*

I　手紙の形式

1. フランス語の手紙の書き方

手紙である以上、フランス語の手紙も日本語の手紙もその目的は同じなのですが、国によって風俗・習慣が違うように、手紙の書き方もフランスと日本ではやはり違います。参考までに、『星の王子さま』の著者として有名なサン＝テグジュペリが、お母さんに宛てて書いた手紙の中から、一通を抜き出してみました。

```
                                    Dakar, 1927
Ma petite maman,

    Ce petit mot hebdomadaire pour vous
rassurer. Je vais bien et suis heureux.
Et vous dire aussi toute ma tendresse, ma
petite maman, vous êtes le bien le plus
doux du monde et je suis si inquiet de ce
que vous ne m'ayez pas écrit cette
semaine.
    Ma pauvre petite maman, vous êtes
bien loin. Et je pense à votre solitude.
Je vous aimerais tant à Agay. Quand je
reviendrai, je pourrai être un fils comme
je le rêve et vous inviter à dîner et
vous faire des tas de plaisirs car
lorsque vous êtes venue à Toulouse, c'est
une telle gêne et tristesse que j'ai
```

éprouvées à ne rien pouvoir faire pour vous que cela me rendait maussade et triste et que je n'ai pas su être tendre.

Mais dites-vous, ma petite maman, que vous avez peuplé ma vie de douceur comme personne n'aurait pu le faire. Et que vous êtes le plus "rafraîchissant" des souvenirs, celui qui éveille le plus en moi. Et le moindre objet de vous me tient chaud au cœur: votre chandail, vos gants, c'est mon cœur qu'ils protègent.

Dites-vous aussi que j'ai une vie merveilleuse.

Je vous embrasse tendrement,

Antoine

ダカール, 1927年

私の大好きなお母さん

　私はこの短い手紙をあなたに安心していただくために毎週差し上げるのです。私は大変元気ですし、幸せです。大好きなお母さん、この手紙は、同時に私の愛情のすべてをあなたにお伝えするためのものです。あなたはこの世のなかでもっとも大切な宝です。今週、あなたが私にお便りを下さらなかったことがどんなに私を不安にしたことでしょう。

　私のかわいそうな大好きなお母さん、あなたはとても遠くに

いらっしゃいます。あなたの淋しさをいつも考えています。あなたがアゲーにいて下さったらどんなにいいでしょう。帰省したら、私が夢に見ているとおりの息子になってあげます。お食事に誘い、いろいろ楽しんでいただきます。というのもあなたがトゥルーズにいらした時は、あなたのために何もしてあげられないのがとてもつらく悲しくて、私はすっかりふさぎこんでしまい、やさしくしてあげることができなかったからです。

　でも大好きなお母さん、次のことは忘れないでいて下さい。あなたは誰にもまねのできないような愛情でもって私の人生を満たして下さいました。そしてあなたはもっとも「さわやかな」思い出、私の心にもっとも多くのことをよみがえらせてくれる思い出なのです。あなたのものならどんな小さなものでも私の心を暖めてくれます。あなたのセーターもあなたの手袋もみんな私の心を守ってくれるのです。

　私がすばらしい毎日を送っていることもお伝えしておきます。

　心からの接吻を送ります。

　　　　　　　　　　　　　　　　　　　　　アントワーヌ

フランス人の発想、表現の仕方がよく表れています。もちろん、このような文章は一朝一夕に書けるものではありません。まず、フランス語の手紙の書式をおぼえ、独特の言い回しを勉強することからはじめましょう。

以下にフランス語で手紙を書く場合に注意しなければならないことをまとめてみました。

2. 用紙とその使い方

```
Haruo Fujiwara      Sendai, le 3 avril 2004
2-20 Hachiman
Sendai-shi
Miyagi Japon        Monsieur le Directeur
                    25, rue de Rennes
                    75006 Paris

     Monsieur le Directeur,

     Permettez-moi de me présenter: mon
nom est Haruo Fujiwara. J'ai l'inten-
tion de suivre les cours permanents
de français pour étrangers de l'année
2004-2005 organisés par votre univer-
sité. J'aimerais donc à cet effet
vous demander de me fournir des
informations sur les possibilités de
logement dans une famille française,
comme hôte payant.
     Avec mes remerciements anticipés,
je vous prie d'agréer, Monsieur le
Directeur, mes respectueuses saluta-
tions.

                              Haruo Fujiwara
```

a) **便箋 (papier à lettres)** ：罫の引いてあるものは避けること。色は公用文の場合は必ず白。私信の場合は薄めのものなら使ってかまいません。私信は手書きが原則ですが、鉛筆は使用しない方がいいでしょう。

b) **発信地と日付 (lieu et date)** ：右肩にまず発信地（市町村名）と日付を入れます。3 / 4 /04 のように省略しないこと。

c) **住所 (adresse)** ：左肩に自分の名前と住所、右肩の日付の下に相手の名前（敬称をつけて）と住所を書くのが正式な書き方ですが、肉親や親しい友人知人宛ての場合はいずれも省略してかまいません。

d) **呼びかけ (appel)** ：用紙の上からほぼ $\frac{1}{4}$ あたりに、呼びかけの言葉を書きます。

e) **本文 (corps de la lettre)** ：呼びかけから少なくとも二行はあけて書き始めます。左右の余白も適当に取るべきですが、とくに左側を大きく開けます。

f) **結びの言葉 (salutations finales)** ：必ず改行して書きます。

g) **署名 (signature)** ：右下に、結びの言葉からさらに数行おいて、タイプを用いた場合でも、必ず手書きで署名します。外国では印鑑に代わるのが署名ですから、できるだけ同一書体で書くように心がけるべきです。

h) **追伸 (P.S.)** ：目上の人、面識のない人に対してはなるべく避けた方がよいでしょう。

3. 封筒とその使い方

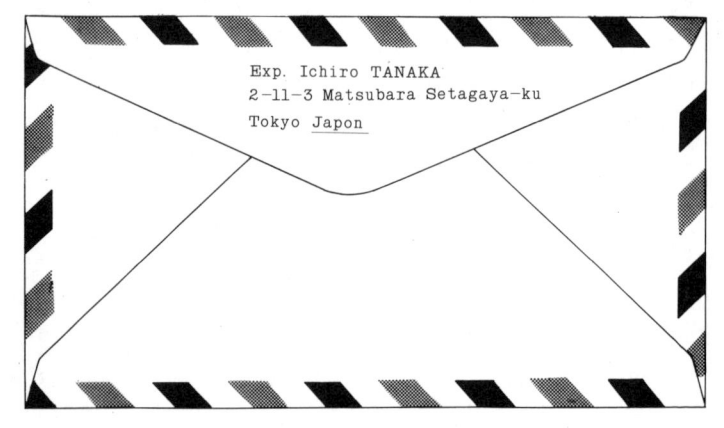

Exprès

VIA AIR MAIL

切手

Monsieur Jean DUVAL
Aux bons soins de Monsieur Lamiel
18, rue de la Fayette

75010 Paris
France

Exp. Ichiro TANAKA
2-11-3 Matsubara Setagaya-ku
Tokyo Japon

3 封筒とその使い方　*15*

a) **封筒**：便箋とバランスの取れた大きさのものを選びます。色のついた便箋を使った場合は、それと同じ色の封筒にすること。

b) **宛名**：名前には必ず敬称をつけます。この場合、M., Mme, Mlle と省略してはいけません。夫婦に宛てる場合は、Monsieur et Madame J. DUVAL のように、Monsieur を先に書き、夫の名前の頭文字と姓を書きます。公用の手紙の場合は、Monsieur le Conseiller Culturel のように、職名のみを書き、名前は書きません。なお、名前は、ファーストネームは最初を大文字にしてあとは小文字、姓はすべて大文字にします。例. Jean DUVAL

c) **気付**：相手が第三者の所に住んでいる場合、気付を入れます。正しくは Aux bons soins de... としますが、chez, c/o（英語の care of の略）としてもかまいません。例. chez Monsieur Brodin

d) **住所**：番地、通り、市町村名、県名、国名の順に書きます。市町村名の前には郵便番号をつけるのを忘れないで下さい。最初の二桁は各県のコード番号、下三桁は局番（パリは区番号）です（付録参照）。

e) **書種指定**：封筒の左肩に書きます。「航空便」Par avion,「転送依頼」Prière de faire suivre,「書留」Recommandé,「速達」Exprès,「至急」Urgent,「親展」Confidentiel,「私信」Personnel

f) **差出人**：裏面に、Exp.（Expéditeur）として名前と住所を書きます。

4. 呼びかけ (appel)

　フランス語の手紙では、「拝啓」、「前略」、「拝復」などの起筆用語に代わるものとして、呼びかけの言葉が冒頭におかれます。受信人との関係に応じて言葉も変わりますので、配慮が必要です。

a) 面識がないか、あるいはほとんど知らない人
　—Monsieur,
　—Madame,
　—Mademoiselle,
　　　M., Mme, Mlle のように省略してはいけません。

b) 高い地位にある人
　—Monsieur le Professeur,
　—Monsieur le Directeur,
　　　肩書 (titre) のみを書き、名前は書きません。肩書は大文字で始めること。

c) 商業文
　—Messieurs,
　　　相手がはっきりしている場合は Monsieur le Directeur, の

ように役職名で呼びかけることもあります。

d) ある程度親しい人
　－Cher Monsieur,
　－Chère Madame,
　－Chère Mademoiselle,
　－Cher Monsieur, chère Madame, (夫婦)

　　さらに親しい人であれば Ami(e)をつけて Cher Monsieur et Ami (Chère Madame et Amie) のような言い方もできます。
　　Cher Monsieur Dubois のように、相手の姓をつけてはいけません。また Mon cher Monsieur とすると、mon が重複するので、この表現も使わないことです。

　　以上のような呼びかけをした場合、本文では相手に対して vous を使い、以下の場合は tu を用います（ただし Cher ami の場合は vous も用います）。

e) 親しい友人
　　－Cher ami,　　　　　　Chère amie,
　　－Cher François,　　　　Chère Anne,
　　－Mon cher François,　　Ma chère Anne,　　↓ より親しい
　　－Bonjour,

5. 前　　文 (premières lignes)

　手紙の書き出しはなかなかむずかしいものです。日本語の手紙の場合、前文で、時候のあいさつを述べ、相手の安否をたずねるのが礼儀とされていますが、フランス語の手紙では、前文と本文の区別が明確ではなく、内容も自由です。商業文や公用文では初めから用件を切り出しますが、私信の場合はなんらかの簡単な前置きがあった方が自然です。以下にフランス語の手紙における前文の例をいくつか紹介しましょう。

a) 面識のない人に出す：
　　—J'ose m'adresser à vous pour...
　　—Permettez-moi de vous écrire pour...
　　—Je prends la liberté de vous écrire pour vous demander si...
　　—Permettez-moi tout d'abord de me présenter : je m'appelle...

b) 手紙の目的を述べる：
　　—Cette lettre pour vous annoncer que...
　　—Ce petit mot pour vous demander si...
　　—Je vous écris pour...
　　—Je m'adresse à vous aujourd'hui pour...

c) 手紙をくれたことに対して喜びやお礼を述べる：
 —Merci de m'avoir écrit pour…
 —Merci de m'avoir répondu si vite.
 —Je suis très content d'avoir reçu votre lettre.
 —J'ai bien reçu votre lettre du 20 mai et vous remercie de m'avoir répondu aussi rapidement.
 —Cela m'a fait très plaisir de recevoir de vos nouvelles.
 —Votre lettre m'est arrivée ce matin et je vous en remercie.
 —C'est très gentil à vous de m'avoir répondu si rapidement.

d) 無沙汰をわびる：
 —Veuillez m'excuser de ce long silence.
 —Cela fait longtemps que je ne vous ai pas donné de mes nouvelles et je m'en excuse.

e) 相手の安否を問う：
 —Cela fait un petit moment que nous ne nous sommes vus (Cela fait longtemps que je n'ai pas eu de vos nouvelles) ; j'espère que vous allez toujours bien, ainsi que votre famille.

f) 知らせをもらい喜ぶ（悲しむ、驚く）：
 —C'est avec grand plaisir que j'ai appris…
 —J'ai appris avec le plus vif plaisir que…
 —Je me réjouis d'apprendre que…
 —Nous avons été très heureux en apprenant que…

—C'est avec beaucoup de chagrin que j'ai appris... （悲しむ）
—Votre lettre d'hier m'a surpris. （驚く）
—J'ai été surpris d'apprendre que... （驚く）
—L'annonce de vos fiançailles m'a vivement surpris. （驚く）

g) 通知する：
—J'ai la joie de vous annoncer que...
—J'ai le regret de vous apprendre que...
—J'ai la douleur de vous faire part de...
—Je me permets de vous signaler que...
—Je m'empresse de vous informer de...
—J'ai l'honneur de vous informer que... （公用、商業文）
—J'accuse réception de votre lettre datée du... （商業文）

h) 依頼する：
—Je vous serais très obligé de bien vouloir m'adresser...
—Je vous prie de bien vouloir m'adresser...
—Je vous serais reconnaissant de bien vouloir m'adresser...
—J'ai l'honneur de solliciter de votre bienveillance... （公用文）

6. 末　文 (dernières lignes)

日本語の手紙では、最後に、自愛を祈る言葉や、「まずは要件のみ」、

「〜によろしく」といった文章で結びます。フランス語の手紙も、いわゆる結びの言葉 (salutations finales) の前に、短い末尾のあいさつを書くのが普通です。その場合、現在分詞などを用いて、結びの言葉と同じ文章の中で表現されていることもあります。ただし現在分詞やジェロンディフを用いた文の後では命令形は使えないことに注意して下さい。なお、結びの言葉を含む末文は必ず段落を変えなければいけません。

a) 返事を待つ：
 —En attendant votre réponse,...
 —En espérant avoir bientôt de vos nouvelles,...
 —Espérant de tout cœur une réponse favorable,...
 —Dans l'attente de votre réponse,...
 —Dans l'attente du plaisir de vous lire prochainement,...
 —Dans l'attente d'une prompte réponse de votre part,...
 —J'attends votre réponse avec impatience.
 —Donnez-moi de vos nouvelles, cela me fera très plaisir.
 —A bientôt de vos nouvelles, j'espère.

b) 再会を期待する：
 —Dans l'attente de vous revoir,...
 —Espérant avoir le plaisir de vous revoir très prochainement,
   ...

c) お礼（おわび、お悔やみなど）をもう一度述べる：
 —Merci encore une fois.
 —Encore une fois merci pour tout.
 —En vous remerciant encore,...
 —En vous renouvelant mes excuses,...（おわび）
 —En vous renouvelant l'expression de mes regrets,...（お悔み）
 —En vous renouvelant tous mes vœux de bonheur et de santé,...（幸せと健康）
 —Espérant avoir le plaisir de vous renouveler mes félicitations,...（お祝い）

d) 前もってお礼を述べる：
 —En vous remerciant à l'avance de votre aimable coopération,...
 —Je vous remercie par avance et vous prie de...
 —Avec mes remerciements anticipés,...

e) よろしくとお伝え願う：
 —Dis bonjour à *qn*.
 —Transmets, avec mes remerciements, mon amical souvenir à *qn*.
 —En vous priant de transmettre mon meilleur souvenir à *qn*...
 —Veuillez transmettre mon amical souvenir à *qn*.

f) 迷惑をかけることをおわびする：
　　—En m'excusant de vous causer ce dérangement,...
　　—En m'excusant de vous importuner,...

g) この辺でペンを置く：
　　—Pour aujourd'hui, je te quitte en te souhaitant...
　　—Sur ce, je te quitte pour aujourd'hui en te souhaitant...
　　—Je termine en vous adressant...

7．結びの言葉 (salutations finales)

　フランス語の手紙でもっともめんどうなのが、結びの言葉です。相手の地位や性別、相手との関係などによって使い分けなければなりません。冒頭で用いた呼びかけを、末尾で繰り返し、それに合った言葉を選ぶことが大切です。

a) 目上の人や未知の人に対して (vous)
　　—Daignez agréer, Monsieur le Directeur, l'expression de mon profond respect.
　　—Je vous prie d'agréer, Monsieur le Professeur, mes respectueuses salutations.
　　—Veuillez agréer, Madame, mes respectueux hommages.
　　—Veuillez agréer, Monsieur, l'expression de mes sentiments

distingués.

目上の人に対しては、l'assurance ではなく l'expression を、recevoir ではなく agréer を用います。また hommages は男性から女性に対してしか使えず、逆に sentiments は男性から女性には用いられません。

b) ある程度親しい人（vous）
- —Recevez, Monsieur, l'assurance de mes sentiments distingués.
- —Je vous prie d'agréer, chère Madame, l'expression de mes sentiments les plus cordiaux.
- —Je vous adresse, cher Monsieur, l'expression de mes fidèles sentiments.
- —Croyez, cher ami, à mon amical souvenir.
- —Ma femme se joint à moi pour vous adresser nos fidèles amitiés.

c) 親しい友人（tu）
- —Je t'envoie mon amical souvenir.
- —Crois, mon cher Jean, à toute ma sympathie.
- —Amicalement.
- —Cordialement.   —Amitiés.
- —Avec toutes mes amitiés.
- —A bientôt de tes nouvelles.
- —Je t'embrasse.   —Salut.

II　実際の文例

§1. 文　　通

フランス語を学ぶ者なら誰しも、フランス語で自由に表現できたらと思うに違いありません。しかし多くの人にとって、実際にフランス語を使う機会はほとんどないといっていいでしょう。そんなとき、生きたフランス語に触れる一番の近道は、フランス語で文通してみることです。文通を通じて、日本語とフランス語の発想の違い、さらには二国の文化の違いについて、いろいろ学ぶことができるでしょう。

フランス語の手紙は、日本語の手紙ほど型にはまった言い回しは多くないといわれていますが、それでも知っておくと便利な表現はいろいろあります。ここでは、文通の実際例を挙げ、その中でよく用いられる表現について述べてみましょう。

[重要な表現]

> 1. 突然お手紙を差し上げます失礼をお許し下さい。
>   Je me permets de vous écrire cette lettre.

　　日本語の手紙では、面識のない人にはじめて手紙を出すとき、上のような断り書きを入れるのが普通ですが、フランス語の場合は、特にあらたまった表現はないようです。se permettre de + *inf.*　「あえて～する」、あるいは prendre la liberté de + *inf.* 「失礼を顧みずに〜する」で十分でしょう。

> **2.** 山田さんの紹介であなたのお名前と住所を知りました。
> Monsieur Yamada m'a donné vos nom et adresse.

　もう少しあらたまった文章にしたいなら donner の代わりに communiquer を使います。

3. 山田さんからあなたの連絡先をうかがいました。
　　J'ai obtenu vos coordonnées par Monsieur Yamada.

　nom et adresse の代わりに「連絡先」という意味で coordonnées (*f. pl.*) が使われます。

4. あなたを紹介して下さったのは山田さんです。
　　C'est Monsieur Yamada qui m'a parlé de vous.

　C'est...qui... は強調構文です。現在分詞を使って Monsieur Yamada m'ayant parlé de vous,... とすれば文章が軽くなります。

> **5.** フランス語で文通していただけたら大変うれしいのですが。
> Je serais très heureux si vous acceptiez de correspondre avec moi en français.

Je serais très heureux... の代わりに Cela me ferait très plaisir... という表現もよく使われます。

6. 私と文通して下さいませんか。
Voulez-vous bien correspondre avec moi?

Voulez-vous bien + *inf.*?の代わりに Acceptez-vous de + *inf.*? とすれば、よりあらたまった表現になります。

7. 長い間、文通の相手を探していました。
Il y a longtemps que je cherchais un correspondant.

chercher の代わりに désirer を使うこともできます。

8. パリに住む女子学生と文通したいのですが。
J'aimerais correspondre avec une étudiante parisienne.

「パリに住む」は「パリの」という形容詞で表現できます。
例. Marseille→marseillais(e), Lyon→lyonnais(e), Bordeaux→bordelais(e).

9. できるだけ長くあなたと文通したいと思っています。
Je souhaite pouvoir correspondre avec vous le plus longtemps possible.

> **10.** 自己紹介させていただきます。私は山田一男といいます。
> Permettez-moi de me présenter : Kazuo Yamada.

Je me présente : Kazuo Yamada. ともいえますが、Permettez-moi de + *inf.* を使う方がていねいです。

11. 次の手紙で詳しく自己紹介することにします。
Dans ma prochaine lettre, je me présenterai plus en détail.

12. 私の家族を紹介します。
Je vais vous parler de ma famille.

13. フランス語を学びはじめてから3年になります。
Cela fait trois ans que j'étudie le français.

14. 私の趣味は旅行です。
J'aime les voyages.

「趣味」は passe-temps (*m.*), hobby (*m.*) ですが、J'ai comme passe-temps les voyages. より上記の表現の方が自然です。

> **15.** 5月6日付のお手紙受け取りました。
> J'ai bien reçu votre lettre du 6 mai.

bien は強調で、「確かに」といったぐらいの意味です。

16. あなたのお便りを今朝いただいたところです。
Je viens juste de recevoir votre lettre ce matin.

同じ内容の文章を、lettre を主語にして、Votre lettre vient juste de me parvenir ce matin. と書くこともできます。

17. 思いがけずお便りをいただき大変うれしく思っています。
J'ai eu une bonne surprise en recevant votre lettre.

18. 早速、ご返事下さりありがとうございます。
Je vous remercie d'avoir répondu aussi rapidement à ma lettre.

> **19.** 久しぶりにお便りちょうだいいたしました。
> Cela faisait longtemps que je n'avais pas eu de vos nouvelles.

書き出しの文としてよく使われます。過去形が用いられているのは、「長い間便りがなかったが、今受け取った」という意味だからです。Cela fait longtemps que je n'ai pas eu de vos nouvelles. 「しばらくお便りいただいていませんが」と比較して下さい。

20. ご無沙汰いたしまして申し訳ございません。

Je m'excuse de vous avoir laissé sans nouvelles ces derniers temps.

これに代わる文章として、J'espère que vous me pardonnerez mon silence. あるいは Je m'excuse de ne pas vous avoir écrit plus tôt. があります。

21. お元気でおすごしのことと思います。
J'espère que vous allez bien.

日本語の手紙では書き出しの決まり文句ですが、フランス語の手紙では Que devenez-vous? などとともに本文中で相手の様子をたずねるときに用い、書き出しとしてはあまり使わないので注意しましょう。

22. ご返事をお待ちいたしております。
J'attends votre réponse.

attendre avec impatience「首を長くして待つ」も活用して下さい。avoir hâte de + *inf.* を用いて、J'ai hâte de recevoir votre réponse. ということもできます。

23. 次のお便りを待っています。
Dans l'attente de ta prochaine lettre, je t'envoie mon ami-

cal souvenir.

親しい間柄の友人知人に対して使う結びのあいさつの一例です。

24. よいご返事を期待いたしております。
J'espère avoir une réponse favorable de votre part.

25. できるだけ早くご返事下さい。
Répondez-moi le plus tôt possible.

26. ご家族の皆さまによろしくお伝え下さい。
Faites mes amitiés à votre famille.

日本語の手紙における結びの決まり文句のひとつですが、「よろしく」というフランス語はありませんので、状況や相手に応じて表現を変えなければなりません。もっとていねいな文章なら Transmettez mon bon souvenir à votre famille. 反対にくだけた表現なら Dis bonjour à ta famille. などが用いられます。[第一部・6.末文] 参照。

1−1　友人の紹介で

親愛なるパトリック

　私はあなたがよくご存知の小島孝雄君の友人です。あなたが日本の大学生との文通を希望していらっしゃると彼から聞き、お手紙を差し上げる次第です。

　私は大学でフランス語を勉強しはじめてから2年になります。しかし、実際にフランス語を使う機会がなく、思うように上達しません。文通は生きたフランス語を学ぶもっともよい方法だと考え、前々から相手の方を探していました。文通していただけたら大変うれしく思います。ご返事いただけましたら次の手紙で私の家族や趣味について書きたいと思っています。ご返事を心からお待ちしております。

　　　　　　　　　　　　　　　　　　　　　山本　一久

[**解説**]　文通は友人知人を介してはじめることが多いものですが、初めて手紙を出すときは、相手の住所氏名をどのようにして知ったか、まず説明するのが礼儀です。初対面の人に対して、あるいは面識のない人に手紙を出すときは vous を用いるのが普通です。しかし、最近では同年代、とくに若い人の間でははじめから tu を使う場合が増えてきました。ですから思い切って tu を使ってもよいのですが、フランス人にとって外国人であるわれわれは vous か tu かの選択は相手に任せた方が無難といえます。

Cher Patrick,

　Je me présente: je suis l'ami de Takao Kojima que vous connaissez bien, je crois. Takao m'ayant dit que vous souhaiteriez correspondre avec un étudiant japonais, j'ai décidé de[1] vous écrire.

　J'étudie le français à l'université depuis déjà deux ans, mais n'ayant pas l'occasion de le pratiquer, je ne fais pas beaucoup de progrès. Le meilleur moyen pour moi de me familiariser avec le français vivant est, je pense, de correspondre avec un Français et c'est pourquoi, depuis quelque temps, je cherchais un correspondant. Je serai donc très heureux si vous acceptez de correspondre avec moi. Si vous voulez bien me répondre, dans ma prochaine lettre, je vous parlerai de ma famille et de mes passe-temps favoris[2].

　Dans l'attente de votre réponse, je vous envoie mon amical souvenir.

　　　　　　　　　　　　Kazuhisa Yamamoto

[注]
1) **j'ai décidé de...**：「～する次第です」はこの場合、décider de... を用いて、「～することにした」と表現できそうです。
2) **passe-temps favoris**：「趣味」。英語からきた hobby も使えます。

1－2　二通目の手紙

　親愛なるパトリック

　早速ご返事下さりありがとうございます。お手紙夢中で読みました。

　それでは前便で約束しましたように自己紹介させていただきます。私は20歳で、東京の大学の2年生です。フランス文学を専攻しています。旅行と映画が大好きです。まだ海外旅行の経験はありませんが、卒業するまでにぜひフランスへ行きたいと思っています。

　あなたは日本に興味をお持ちのようですが、来日なさる予定はありませんか。日本にいらっしゃるようなことがありましたら、喜んで案内させていただきます。お便りをお待ちしています。

一　久

　[**解説**]　相手の返事が tu で書かれている場合を想定して、tu で書いてみました。tu を使う場合（tutoyer）と vous を使う場合（vouvoyer）では、呼びかけの言葉から末尾のあいさつにいたるまでさまざまに言い回しが異なります。親しさの程度に応じてふさわしい表現を選ばなければなりません。[第一部・手紙の形式] を十分参考にして下さい。

Cher Patrick,

　C'est très gentil à toi de[1] m'avoir répondu aussi rapidement. J'ai lu ta lettre avec beaucoup d'enthousiasme.

　Comme je te l'ai promis dans ma première lettre, je vais te parler un peu de moi. J'ai vingt ans et je suis étudiant de deuxième année dans une université de Tokyo. J'étudie la littérature française. J'aime les voyages et le cinéma. Je n'ai encore jamais fait de voyage à l'étranger, mais j'espère bien pouvoir aller en France avant de terminer mes études[2].

　Tu me sembles avoir de l'intérêt pour le Japon. As-tu des projets de voyage? Si tu as l'occasion de venir au Japon, je me ferai un plaisir[3] de te servir de guide. A bientôt de tes nouvelles, j'espère.

　　　　　　　　　　　　　　　Kazuhisa

[注]

1) **C'est très gentil à toi de** + *inf*.:「ご親切に〜して下さってありがとう」という決まり文句です。à toi の代わりに de ta part を使って C'est très gentil de ta part de + *inf*. とも言います。

2) **terminer mes études**:「卒業する」。卒業制度が日本と異なりますのでさまざまな表現が可能です。たとえば finir [obtenir] ma licence, sortir de l'université など。§2 [重要な表現] 17. 参照。

3) **Je me ferai un plaisir [une joie] de** + *inf*.:「喜んで〜する」という意味でよく使います。

1-3　外国の新聞・雑誌の文通欄への投書

　拝　啓

　以下の告知文を貴紙に掲載していただければ幸いに思います。

　当方フランス語を習いはじめて2年になる日本人女子学生。日本に興味をもち、フランス語で文通して下さるパリ在住の大学生（男子あるいは女子）のお便りをお待ちしています。
　年齢：20歳、身長：1m56㎝、専攻：フランス文学
　趣味：演劇、ジャズ
　住所：東京都町田市鶴川2－11－1
　氏名：鈴木　好子

　よろしくおとりはからい下さいますようお願い申し上げます。
　　　　　　　　　　　　　　　　　　　　かしこ

[**解説**]　文通の相手を見つけるには、海外の新聞・雑誌社宛投書するのもひとつの方法です。文面は上記のように要件を簡潔に書きます。

Monsieur le Directeur,

　Voudriez-vous[1] avoir l'obligeance d'insérer dans votre journal l'annonce suivante:

　Japonaise étudiant le français depuis deux ans à l'université. Aimerait[2] correspondre en français avec étudiant (ou étudiante) français(e) demeurant à Paris et s'intéressant au Japon.

　Age: 20 ans, Taille: 1,56m
　Domaine étudié : littérature
　　　　　　　　　　française
　Aime le théâtre, le jazz
　Nom et adresse: Yoshiko SUZUKI
　2-11-1, Tsurukawa, Machida-shi,
　Tokyo Japon

　En vous remerciant à l'avance de votre aimable coopération, je vous prie d'agréer, Monsieur le Directeur, l'expression de mes sentiments respectueusement dévoués.

[注]
1) **Voudriez-vous** + *inf.* ?：相手に何かを頼む場合に使うていねいな言い回しです。直説法現在の Voulez-vous + *inf.* ? では失礼になります。
2) **Aimerait**：主語の Japonaise が省略されています。告知文ではしばしば主語が省略されます。

1-4　文通の相手を市役所に照会

市長殿

　文通相手をご紹介いただきたく、突然お手紙差し上げる次第です。まず自己紹介させていただきます。私は日本の仙台に住んでいる大学生です。

　先日、市の広報紙でレンヌ市と仙台市が姉妹都市であることを知りました。私はフランス語を勉強するために近いうちにフランスに留学する予定ですが、そのため今からフランスの学生と文通したいと思っています。そこでレンヌ市のことを考えました。レンヌ在住の大学生の方をご紹介いただけましたら幸いです。

　大変勝手な申し出で恐縮でございますが、なにとぞよろしくお願いいたします。

　　　　　　　　　　　　　　　　　　　　　　　山下　一夫

[解説]　ある都市に留学しようとする場合、その地にフランスの友人がいると非常に助かりますし、何かと心強いものです。そうした友人をみつけようとするとき、思い切って市役所に仲介を依頼してみましょう。とくに自分の住んでいる市と姉妹都市であれば、便宜をはかってくれるに違いありません。

Monsieur le Maire,

　J'ose m'adresser à vous[1] pour obtenir l'adresse d'un éventuel correspondant. Permettez-moi tout d'abord de me présenter; je suis japonais, étudiant et j'habite la ville de Sendai.

　L'autre jour, j'ai appris par le bulletin municipal que la ville de Sendai était jumelée avec Rennes. Ayant l'intention d'aller étudier en France dans un proche avenir, j'aimerais dès maintenant correspondre avec un étudiant français et j'ai tout de suite pensé à Rennes. Je vous serais donc reconnaissant de bien vouloir, si possible, me mettre en rapport avec un étudiant demeurant à Rennes[2].

　En m'excusant de vous causer ce dérangement, je vous prie d'agréer, Monsieur le Maire, avec mes remerciements anticipés, l'expression de ma parfaite considération.

Kazuo Yamashita

[注]

1) **J'ose m'adresser à vous**：「突然お手紙を差し上げる」。Je me permets d'avoir recours à vous. と言い換えることもできます。

2) **demeurant à Rennes**：レンヌに住んでいる人は Rennais(e) ですから、un étudiant rennais という表現もできます。[重要な表現] 8. 参照。

1-5　夏期講座で知り合ったドイツ女性へ

　親愛なるクリスチーネ

　突然私の手紙を受け取ってびっくりなさったことでしょう。私のことをおぼえていらっしゃいますか。私たちはレンヌの夏期講座においてメリアン先生のクラスで一緒でした。

　お元気でおすごしのことと思います。夏期講座の後、あなたはイギリスへ行くとおっしゃっていましたが、旅行はいかがでしたか。私は帰国して三週間になりますが、フランス滞在中のことがなつかしく思い出されます。

　またいつか、ぜひフランスへ、そしてあなたに会いにドイツへも行きたいと思っています。

　早くご返事がいただけることを期待しています。

　　　　　　　　　　　　　　　　　　　　　　　啓　子

[解説] フランスでは各地の大学で夏期語学研修が盛んに行われています。世界各地から大勢の人が集まりますので、フランス人以外の人と友だちになる機会もあります。夏期講座で知り合った友人に宛てた手紙を想定した文例です。

Chère Christine,

    Tu seras sans doute surprise de recevoir de mes nouvelles[1]. Te souviens-tu de moi? Nous avons suivi ensemble les cours d'été à Rennes dans la classe de Monsieur Merien.

    J'espère que tu vas bien. Après les cours d'été, tu devais aller en Angleterre, je crois[2]. Ton voyage s'est-il bien passé? Cela fait déjà trois semaines que je suis rentrée au Japon. Depuis mon retour, je ne cesse d'évoquer tous les bons souvenirs de ce séjour en France.

    Je souhaite de tout cœur pouvoir y retourner bientôt et, à cette occasion, te rendre visite en Allemagne.

    J'espère avoir très bientôt de tes nouvelles et dans cette attente, je te fais toutes mes amitiés.

                              Keiko

[注]

1) **nouvelles**：nouvelles は複数形で「消息」「便り」の意味になりますが、面識のある人に対してしか使いません。面識のない人に初めて手紙を出すときは lettre あるいは réponse を用います。

2) **je crois**：文の終わりに使う je crois は口語調で、ごく親しい間柄で用います。

❖ さえら ❖

書簡文学

「手紙とは紙に書いた会話である」。たしかに手紙は紀元前から存在する個人と個人の間の私的な通信手段です。私的なものであるだけに筆者は自らの心の内をつつみかくすことなく吐露することができるのです。この点に着目し、公の読者を対象にしたのが書簡文学です。

古くはキケロの書簡が有名です。フランスでは十七世紀の閨秀作家セヴィニエ夫人のものが最大傑作といわれています。

手紙の形式をとった文学作品として広く知られているのは、ルソーの『新エロイーズ』とラクロの『危険な関係』でしょう。それぞれ、163通、175通の手紙から成る十八世紀の代表的な書簡体小説です。とくにラクロが文学史上にその名をとどめているのは、この一編の小説のおかげです。

また、文学者や哲学者の間で交わされた往復書簡も立派な一種の書簡文学でしょう。

しかし、書簡文学が今日、ほとんど顧みられなくなっているのは本当に残念なことです。

§2. 祝いの手紙

慶事といえばクリスマスや新年をはじめ、誕生日、婚約、結婚、出産、合格、昇進、叙勲といろいろあります。このような場合に手紙でお祝いのあいさつをするのは日本もフランスも同じです。ただフランス語には日本語の「おめでとう」というどんな慶事にも通用する便利な言葉がありませんので、それぞれの場合にふさわしい表現をしなければなりません。ところで「祝いの手紙」というと型にはまった堅苦しいものになりがちですが、公的な手紙でないかぎりあまり形式的にならないように注意しましょう。とくにフランス人は個性的な表現、心のこもった文章を好みます。面と向ってお祝いの言葉を述べるような気持ちで文章を書きましょう。

[重要な表現]

1. 楽しいクリスマスとよい新年をお祈りいたします。
   Je vous souhaite un joyeux Noël et une bonne année.

簡単に Joyeux Noël et Bonne année ! とも書きます。

2. 心から新年のごあいさつを申し上げます。
   Je vous adresse mes meilleurs vœux pour la nouvelle année.

3. あなたとご家族の皆様に新年のごあいさつを申し上げます。
   Je vous présente ainsi qu'à votre famille mes vœux les plus sincères.

4. 2004年があなたに幸せ、健康、成功をもたらすよう祈っています。
   Je souhaite que l'année 2004 vous apporte tout ce que vous pouvez désirer : bonheur, santé et réussite dans votre travail.

5. 年頭にあたり新年のごあいさつを申し上げます。
   A l'occasion de la nouvelle année, je vous adresse mes meilleurs vœux.

6. 新年のごあいさつをいただきありがとうございました。私もあなたのご多幸を心からお祈りいたします。
   Je vous remercie vivement de vos bons vœux et vous adresse à mon tour mes vœux les plus sincères pour la nouvelle année.

7. お誕生日おめでとう。
   Je vous souhaite un bon anniversaire.

誕生日の「おめでとう」には féliciter は使わないので注意しましょう。

8. 20歳の誕生日おめでとう。
Je te souhaite un joyeux anniversaire pour tes vingt ans.

9. ご婚約を心からお祝い申し上げます。
Je vous félicite de tout mon cœur pour vos fiançailles.

fiançailles は常に複数で用いられます。

---
10. ご結婚おめでとうございます。
Je vous adresse tous mes vœux de bonheur pour votre mariage.

---

11. 近々ご結婚なさるとのお知らせをいただき大変うれしく思いました。
J'ai été très heureux d'apprendre que vous alliez bientôt vous marier.

「結婚した」という通知であれば que 以下は vous vous étiez marié. となります。

12. お二人の末永いお幸せを心からお祈りいたします。
Je vous souhaite de longues années de bonheur.

13. 別便にてささやかなお祝いの品をお送りいたします。
Je vous fais parvenir séparément un petit cadeau.

「別便で」は par envoi séparé とも言います。

---

14. 赤ちゃん誕生本当におめでとう。
Toutes mes félicitations pour la naissance de votre bébé !

「出産」の場合は félicitations が使えます。このように日本語では同じ「おめでとう」ですが、féliciter, félicitations が使えるのは、出産、結婚、婚約、合格祝いなどであり、クリスマスや新年のあいさつ、誕生日の祝いには souhaiter, souhait が用いられます。

15. ご長男の誕生を家内とともに心からお喜び申し上げます。
Ma femme et moi vous félicitons pour la naissance de votre premier fils.

16. バカロレア合格おめでとう。
Je vous félicite pour votre succès au baccalauréat.

---

17. ご卒業おめでとう。
Je suis content pour vous que vous ayez pu obtenir votre licence.

フランスの大学は資格を取れば「卒業」できます。したがって二年次でDEUG（大学一般教育免状）、三年次でlicence（学士号）（ただし法経は四年次）、四年次でmaîtrise（修士号）（法経は五年次）を取得できますからそれぞれの時点で卒業可能といえます。日本の「卒業」制度と違いますから「卒業おめでとう」は上記のように説明的な表現（「あなたが学士号を取得できて大変うれしく思います。」）になります。いずれにせよ、フランスでは「入学」や「卒業」を祝うことは極めてまれです。

18. 部長にご昇進なさったことを知り、大慶に存じます。
C'est avec un très vif plaisir que j'ai appris votre nomination au poste de directeur.

フランスでは昇進、栄転、叙勲の場合も特別に祝うという習慣はないようです。

19. 重ねてお祝いの言葉を述べさせていただきます。敬具
En vous renouvelant toutes mes félicitations, je vous prie d'agréer mes sentiments les meilleurs.

末尾でお祝い、お礼、感謝の言葉をくり返すのは日本語の手紙と同じです。「最後に改めてお礼申し上げます」Pour terminer, je tiens à vous renouveler mes remerciements. もよく使う表現ですからおぼえておくと便利です。

2－1　クリスマスカード

　ジャンとクリスチーヌへ

　楽しいクリスマスとよい新年をお迎え下さい。
　この年末はどのようにおすごしのご予定ですか。クリスマスツリーを囲み、家族水入らずでクリスマスをお祝いするのでしょうね。ポールはサンタのおじさんに今年は何をお願いしたのでしょうか。彼に何かプレゼントをしたいと考えていますのでお教え下さい。
　来年もご一家にとって健康と幸せに満ちたよいお年でありますようにお祈りいたします。そして来年こそお会いする機会に恵まれますよう祈っています。
　皆さんに心からの友情をささげます。

　　　　　　　　　　　　　　　　　　　　　　　　和　子

[解説]　フランスでクリスマスカードを出すようになったのは第二次大戦後、イギリスの影響によるものだといわれています。市販のカードにはお祝いの言葉が印刷されていますが、近況報告など自筆の文章を添えたいものです。

Cher Jean, chère Christine,

    A l'approche des fêtes[1], je viens vous souhaiter à tous les deux un joyeux Noël et une bonne année[2].
    Quels sont vos projets pour cette fin d'année? Je suppose que vous passerez Noël en famille autour de l'arbre de Noël. Qu'est-ce que Paul a commandé au Père Noël cette année? Donnez-moi des idées, car j'aimerais bien lui offrir quelque chose pour son Noël.
    J'espère que l'année qui s'annonce[3] vous apportera bonheur et santé et je souhaite qu'elle nous donne l'occasion de nous revoir, soit au Japon, soit en France.
    Je vous envoie à tous les trois mes sincères amitiés.

                                      Kazuko

[注]
1) **les fêtes [de fin d'année]**：クリスマスから大晦日にかけての年末の行事のことを意味します。
2) **Joyeux Noël et Bonne année !**：英語のMerry Christmas and Happy New Year ! に相当します。
3) **l'année qui s'annonce**：「来る年」。「行く年」は l'année qui s'achève です。

2-2　年　賀　状

　　シャンタルへ

　年頭にあたり、あなたとあなたのご主人様に謹んで新年のごあいさつを申し上げます。

　昨年はベアトリスが誕生し、お二人にとって最良の年だったと思います。本年もご一家に幸多かれと主人ともども心よりお祈りいたしております。

　今年こそフランス行きを実現し、あなた方にぜひお会いしたいと思っています。

　重ねてあなたとご主人様のご健康とご多幸をお祈りし、新年のごあいさつといたします。

　　　　　　　　　　　　　　　　　　　　　　　　康　子

[解説]　年賀状の交換は日本ほど盛んではありませんが、フランスでも日頃無沙汰をしている友人知人に年一回の消息を知らせる便りとして年賀状が利用されます。日本のように元旦に配達するという制度はありません。1月半ば頃までなら年賀状として差し出してもかまいません。

　日本と違うのはフランスの冬期休暇です。学校の冬休みはクリスマスや元日をはさんで二週間程ありますが、普通の会社やお店はクリスマスと元日の二日間だけです。

§2 祝いの手紙　53

Chère Chantal,

　A l'occasion de[1] la nouvelle année, je vous présente mes meilleurs vœux[2] ainsi qu'à votre mari.
　L'année dernière vous a comblée avec la naissance de Béatrice et je souhaite avec mon mari que cette année vous apporte également beaucoup de joies.
　J'espère que mes projets de voyage en France se réaliseront et que nous pourrons ainsi nous revoir au cours de cette année.
　En vous renouvelant[3] tous mes vœux de bonheur et de santé, je vous envoie mon amical souvenir ainsi qu'à votre mari.

　　　　　　　　　　　　　　　　　Yasuko

[注]
1) **à l'occasion de...**：「～に際して」「～の折に」という熟語。
2) **Je vous présente mes meilleurs vœux**：（少しくだけた表現として）Je vous souhaite une bonne année. があります。ただし、「新年おめでとう」という場合に féliciter, félicitations は使えませんから注意して下さい。[重要な表現] 14. 参照。
3) **En vous renouvelant...**：「重ねて」という意味で手紙文の末尾でよく用いる表現です。[重要な表現] 19. 参照。

2－3　友人の誕生日を祝う

マリへ

　32歳のお誕生日おめでとう。30歳をすぎると一年一年歳をとっていくのがおそろしくなるものです。しかし、私はこの頃では健康でありさえすれば幸せだと思うようになりました。

　ポリーヌとテオドールはどうしていますか。残念なことに二人には写真でしか会っていません。あなたは仕事と子どもたちの世話でどんなにかお忙しいことでしょう。でも子どもはすぐ大きくなります。

　健康に気をつけてがんばって下さいね。

　ジャックによろしくお伝え下さい。

　　　　　　　　　　　　　　　　　　　　　　　　知　子

[**解説**]　音信のとだえている友人に誕生日を機会に近況を知らせるということはよくあります。誕生日がわからないときには、fête [de son saint patron] といって相手の prénom と同じ聖人の誕生日（カレンダーを見ればわかる）にお祝いのカードを送ることもあります。市販のカードがこの頃はよく利用されますが、相手にふさわしいものを選ぶようにしましょう。メッセージを添えることを忘れないで！

Chère Marie,

　　Je te souhaite[1] un joyeux anniversaire pour tes trente-deux ans. Une fois dépassé le cap de la trentaine[2], on appréhende de prendre une année de plus. Pour ma part, je dois dire que ces derniers temps, je m'estime heureuse d'avoir la santé et n'en demande pas plus.

　　Comment vont Pauline et Théodore? Je ne les connais malheureusement qu'en photo. Avec ton travail et les enfants, tu dois être très occupée, mais les enfants, ça[3] grandit vite finalement!

　　Je t'espère en bonne santé et, pour aujourd'hui, je te quitte en te souhaitant bonne chance dans ton travail.

　　Mes amitiés à Jacques.
　　　　　　　Je t'embrasse,

　　　　　　　　　　　　　　Tomoko

[注]

1) **Je te souhaite...**：「新年おめでとう」の場合同様、「誕生日おめでとう」も féliciter ではなく、souhaiter という動詞を使います。féliciter は「すでになされたこと」、souhaiter は「これからなされること」に用います。

2) **dépasser le cap de la trentaine**：「30の坂を越える」。

3) **ça**：enfants を受けています。会話でよく使われるくだけた言い回しです。

2−4 結婚を祝う

　親愛なるジャック

　近いうちに結婚なさるとの報に接し、大変うれしく思っております。いよいよ独身生活に別れを告げるわけですね。相手の方はきっとあなたにふさわしいすてきな女性でしょう。この次お目にかかれるのをとても楽しみにしています。

　結婚式の日時、場所はお決まりでしょうか。できることなら私もぜひ式に参列させていただきたいのですが、残念ながらフランスは少し遠すぎます。ささやかなお祝いの品を送ります。お二人の部屋に飾っていただければと思います。

　それではお二人の末長き幸せをお祈りしつつ。

　　　　　　　　　　　　　　　　　　　　　　　　山本　好子

[解説]　正式な結婚通知 faire-part de mariage が届いたときは名刺あるいは carte de mariage を用いて返事を出します。式に招待されなければとくにお祝いの品を贈る必要はありませんが、招待されたときは当日持参するか、事前に送付します。最近はよく、結婚する二人がほしいと思う品のリスト liste de mariage の中から選ぶ方法がとられています。

Cher Jacques,

　J'ai été très heureuse d'apprendre que tu allais bientôt te marier[1]. Ainsi donc, tu vas enfin mettre un terme à ta vie de garçon[2]. Tu as dû, j'en suis sûr, trouver l'âme sœur[3]. Je me réjouis de pouvoir faire sa connaissance à notre prochaine rencontre.

　Où et quand as-tu l'intention de te marier? J'aimerais moi aussi pouvoir être de la fête[4], mais la France est malheureusement un peu trop loin. Je me contenterai donc de t'envoyer un petit cadeau. J'ai pensé que vous pourriez peut-être l'utiliser pour décorer votre chambre.

　Je termine en vous adressant, à toi Jacques ainsi qu'à ta future femme, tous mes vœux de bonheur.

　　　　　　　　　　　　Yoshiko Yamamoto

[注]

1) **J'ai été très heureuse...** : L'annonce de ton prochain mariage m'a réjouie. とすればさらに改まった感じの文章になります。
2) **la vie de garçon** :「独身生活」、つまり vie de célibataire と同じ。
3) **l'âme sœur** : いわゆる better half のことです。
4) **être de la fête** : être de... は「～に加わる」という意味です。この場合の fête は mariage です。

2−5　出産を祝う

アニーへ

　とうとうあなたもお母さんになったのですね。本当におめでとう。はじめて親になったあなたとフランソワの喜びが目に見えるようです。ポリーヌはお父さん似ですか、それともお母さん似ですか。そのうち写真を送って下さい。
　この手紙とともにささやかなお祝いの品をお送りします。赤ちゃん用の浴衣です。パジャマとしても部屋着としても使えると思います。
　ご一家の健康をお祈りいたします。フランソワとポリーヌによろしく。

　　　　　　　　　　　　　　　　　　　　　　　　　和　子

[解説]　フランスでは子どもの誕生は、普通、一週間後に新聞の告知欄で知らされますが、親戚や親しい友人にはカードが送られてきます。そのときは必ずお祝いの手紙を出さなければなりません。

Chère Annie,

　　Ainsi, tu es maintenant mère d'une petite fille! Toutes mes félicitations[1]! J'imagine la joie que vous devez avoir, toi et François, d'être parents pour la première fois. Pauline ressemble-t-elle à son père ou à sa mère? J'espère que vous m'enverrez bientôt une photo du bébé.
　　Je te fais parvenir[2] en même temps que cette lettre un petit cadeau. Il s'agit d'un YUKATA pour bébé. Tu pourras l'utiliser comme chemise de nuit ou comme robe de chambre.
　　En vous espérant tous les trois en bonne santé, je t'envoie, chère Annie, mes sincères amitiés ainsi qu'à François. Fais une grosse bise[3] de ma part à Pauline.

　　　　　　　　　　　　　　　Kazuko

[注]
1) **Toutes mes félicitations !** : Je vous adresse toutes mes félicitations pour la naissance du bébé. の省略した言い回しです。
2) **faire parvenir** *qch.* **à** *qn.* :「物を人に届ける」という表現で envoyer と同じ意味ですが、同じ単語のくり返しを避けて使いました。
3) **faire une grosse bise à** *qn.* :「人に心からの接吻を送る」。非常にくだけた表現で「よろしく」といった意味になります。ごく親しい間柄でのみ使います。

2−6　友人のバカロレア合格を祝う

クリストフへ

バカロレア合格おめでとう

これで君は希望通り医学の道に進めるわけですね。新学期は10月ですから、これから三ヵ月間したいことをして十分英気を養って下さい。授業がはじまれば猛勉強しなければならないのでしょうから、遊べるのはいまのうちだけですね。

僕はといえば今年はとても大事な年です。というのは卒業論文を書かなければなりませんし、就職先も探さなければならないからです。

どうぞよいバカンスをおすごし下さい。会える日を楽しみに。

達　雄

[**解説**]　前述したようにフランスでは各大学ごとの入学試験はありません。その代わりバカロレア（大学入学資格試験）に合格しなければ大学には進学できません。合格率は6割程度で難関であることには違いなく、フランスの高校生にとっても頭の痛い試験のようです。

§2 祝いの手紙

Cher Christophe,

　Toutes mes félicitations pour ta réussite au baccalauréat[1] !
　Tu vas donc pouvoir, comme tu le désirais, faire ta médecine. Mais puisque la rentrée[2] en France est au mois d'octobre, tu as jusque-là trois mois devant toi pour te détendre, et faire ce dont tu as envie. Une fois que les cours auront commencé, tu devras travailler dur, j'imagine. C'est donc maintenant qu'il te faut en profiter.
　En ce qui me concerne, c'est une année importante pour moi, puisque je dois rédiger mon mémoire de licence et chercher du travail.
　Sur ce, je te quitte[3] pour aujourd'hui en te souhaitant de bonnes vacances et espère avoir bientôt le plaisir de te revoir.

　　　　　　　　　　　　　　Tatsuo

[注]

1) **Toutes mes félicitations...**：félicitations の動詞 féliciter を使えば Je te félicite d'avoir réussi au baccalauréat. となります。

2) **la rentrée**：「もとの場所に戻る」という意味ですが、とくに「新学年の開始」「新学期」のことを言います。

3) **Sur ce, je te quitte...**：「それではこの辺で」。

§3. お礼の手紙

手紙全般についていえることですが、とくに礼状を出す場合に注意しなければならないのは次のようなことです。

1) なるべく早く出すこと。贈物や招待状が相手に無事届いたかどうか、先方は気にしています。
2) 具体的に書くこと。贈物ならどんな点が気に入ったか、どのように使用するか、招待ならどれほど感謝しているかなどを表現します。
3) 形式的な礼状もときには必要でしょうが、友人知人の間ではありのままの感謝の気持ちを表すことです。

お礼の言葉に添えて、相手の様子をたずね、自分の近況も書くことを忘れないようにしたいものです。

[重要な表現]

> 1. プレゼントとご親切なお手紙ありがとうございます。
> Je vous remercie pour votre cadeau et votre gentille lettre.

remercier *qn.* pour (de) *qch.* は「～について人に感謝する」という言い回しです。remercier の後に beaucoup, infiniment, mille fois などの副詞を置けばさらに強調した文になります。

§3 お礼の手紙

2．心のこもったお便りをいただき感激しております。
J'ai été très touché par votre gentille lettre.

「心のこもった」は gentil で十分です。

3．すばらしいアルバムをお送りいただき、なんとお礼を申し上げたらよいかわかりません。
Je ne sais comment vous remercier pour le magnifique album de photos que vous m'avez envoyé.

4．私たちの結婚に際してすてきなプレゼントをお送りいただき大変うれしく思っております。
Le joli cadeau que vous nous avez envoyé pour notre mariage nous a fait très plaisir.

5．ご親切なお心遣い、大変恐縮いたしております。
Je suis vraiment confus de votre gentille attention.

être confus de... で「恐縮する」という意味です。être reconnaissant à *qn.* de *qch.* も使います。

6．結婚式にご招待いただき、心からお礼申し上げます。
Je suis très heureux que vous m'invitiez à votre mariage et je vous en remercie de tout cœur.

7. 来る6月10日のパーティーへのご招待、喜んでお受けいたします。

J'accepte avec plaisir votre invitation pour la petite fête que vous donnerez le 10 juin prochain.

8. シャンソンの夕べへのご招待、喜んで出席させていただきます。

Je me ferai un plaisir d'assister à la soirée de chansons à laquelle vous m'invitez.

---

9. パリでは本当にお世話になりました。

Vous avez vraiment fait beaucoup pour moi pendant mon séjour à Paris et je vous en remercie.

どんな場合にも通用する「お世話になりました」という言い回しはフランス語にはありません。ですからどのように世話になったかを具体的に述べてお礼をいうことになります。上記の文は「パリ滞在中にいろいろお世話いただき感謝している」という意味です。

10. パリで大変快適にすごせたのはあなたのおかげです。

Si j'ai pu passer un agréable séjour à Paris, c'est bien grâce à vous.

11. あなたのおかげですばらしいフランスの思い出ができました。

Grâce à vous, je garde un merveilleux souvenir de la France.

---

12. ホテルをご予約下さりありがとうございます。
Je vous remercie de m'avoir réservé une chambre d'hôtel.

「～してくれたことを感謝する」は remercier de のあとに複合形の不定法を使います。

13. 空港に迎えに来て下さるとのこと感謝いたします。
Je vous remercie de bien vouloir venir m'accueillir à l'aéroport.

このように remercier de bien vouloir + *inf*. にするとさらにていねいな文章になります。

---

14. お送りしました人形は心ばかりのお礼のしるしです。
La poupée que je vous ai envoyée est un modeste témoignage de ma reconnaissance.

この文は次のように書き換えることもできます。
Je vous envoie cette petite poupée en témoignage de ma reconnaissance.

3－1　誕生日のプレゼントへのお礼

　ベアトリスへ

　昨日あなたからの小包を受け取りました。本当にありがとう。私の誕生日をおぼえていてくれたことを何よりもうれしく思いました。

　お送り下さったブルターニュの写真集は前から欲しいと思っていたものです。美しい景色にすっかり魅せられてしまいました。来年はこの地方を旅したいと思っています。

　あなたのお誕生日ももうすぐですね。何かご希望のものはありませんか。きれいなつげの櫛などいかがかしら。

　重ねてお礼申し上げます。近いうちにまたお便り下さい。

　　　　　　　　　　　　　　　　　　　　　　　好　子

[解説]　フランスの友人にプレゼントを選ぶのはなかなかむずかしいものです。単なる装飾品より多少とも実用的な品物の方が一般には喜ばれるようです。

　前述のように「お礼の手紙は具体的に」を忘れないように。

Chère Béatrice,

　　J'ai reçu ton paquet[1] hier et je t'en remercie. C'est très gentil d'avoir pensé à moi pour mon anniversaire.
　　Tu es bien tombée[2], j'avais justement envie depuis longtemps d'un album de photos sur la Bretagne. J'ai été littéralement séduite par la beauté des paysages de cette région et j'espère bien pouvoir la visiter l'année prochaine.
　　C'est bientôt ton anniversaire. Y a-t-il quelque chose qui te ferait particulièrement plaisir? Que dirais-tu d'[3] un joli peigne en buis, par exemple?
　　Je te quitte pour aujourd'hui en te remerciant encore pour ton cadeau. A bientôt de tes nouvelles.
　　Amitiés,
　　　　　　　　　　　　　　Yoshiko

[注]
1) **J'ai reçu ton paquet**：親しい間柄の場合はこれでかまいませんが、目上の人には je で書きはじめる文章はなるべく避けるようにすることです。上の文なら Votre paquet m'est bien parvenu. と言い換えられます。
2) **Tu es bien tombée**：この言い回しも非常にくだけた表現です。「ちょうどよかった」「タイミングがよかった」という意味です。
3) **Que dirais-tu de...?**：「〜についてどう思いますか」という決まり文句です。

3−2　本を送ってくれた友人へのお礼

　　フィリップへ

　　お願いしていた本、昨日届きました。こんなに早く手に入れることができるとは思ってもいませんでした。なんとお礼をいったらいいかわかりません。本当にありがとう。
　　早速、2、3ページ読んでみましたが、大変おもしろい本です。次の論文を執筆するのに大いに役立つと思います。
　　フランスへ本を注文すると船便で二ヵ月、航空便で三週間以上かかります。いそいでいたのでつい君に頼んでしまいました。君も必要なものがあったら遠慮なくおっしゃって下さい。できるだけお役に立ちたいと思っています。
　　重ねてお礼申し上げます。

　　　　　　　　　　　　　　　　　　　　　　　良　雄

[解説]　フランスへの送金方法はいくつかあります。外国郵便為替がもっとも手数料が安いのですが多少日数がかかります。相手方の口座番号がわかっていれば振替口座が便利です。フランスに支店のある銀行ならもっと簡単に早く送金できます。

§3 お礼の手紙

Cher Philippe,

　Le livre que je t'avais demandé m'est arrivé hier. Je ne l'espérais pas si tôt et je ne sais comment te remercier de m'avoir rendu ce service. C'est vraiment chic de ta part[1].

　J'en ai déjà parcouru plusieurs pages. C'est un livre très intéressant et je suis sûr qu'il me sera d'une grande utilité pour écrire mon prochain article.

　Pour commander un livre en France, ça prend[2] deux mois par bateau et plus de trois semaines par avion. Comme j'en avais besoin rapidement, je me suis permis de[3] te demander ce service. Si, de ton côté[4], tu as besoin de quelque chose au Japon, n'hésite pas à me le demander. Je ferai mon possible pour te le procurer.

　Merci encore mille fois,

　　　　　　　　　　　　　　　Yoshio

[注]

1) **C'est vraiment chic de ta part**：親しい間柄で用いる表現です。普通は C'est très gentil de ta part. です。
2) **ça prend [du temps]**：「[時間] がかかる」。ça は cela の口語体です。
3) **se permettre de** + *inf.*：「遠慮なく～する」。
4) **de ton côté**：「君の方で」。

3-3　ホテルを予約してくれた知人へのお礼

　拝　啓

　今朝、お手紙をいただきました。どうもありがとうございます。今日は授業がないので、ご返事を差し上げる次第です。
　ホテルを予約して下さって本当に助かりました。場所も値段も希望通りです。これで安心してフランスへ行くことができます。
　外国へ旅行するのははじめてなので少し心配です。でもあなたがパリにいて下さるおかげで心強いかぎりです。空港まで迎えに来て下さるとのこと、なんとお礼を申し上げてよいかわかりません。では6月1日お会いするのを楽しみに。重ねてお礼申し上げます。

　　　　　　　　　　　　　　　　　　　　敬　具
　　　　　　　　　　　　　　　　　　佐藤　実

[解説]　ホテルの予約は旅行社でももちろんしてくれますが、現地に知人がいればお願いするに越したことはありません。安くて条件の良いホテルを選んでくれるでしょう。ただし、予約確認の意味でもお礼状はすぐ出しましょう。

§3 お礼の手紙

Cher ami,

　Votre lettre m'est arrivée ce matin et je vous en remercie. N'ayant pas de cours aujourd'hui, j'en profite pour[1] y répondre.

　C'est très gentil de votre part de m'avoir réservé une chambre d'hôtel. L'emplacement de l'hôtel et le prix me conviennent parfaitement. Ainsi, grâce à vous, je vais pouvoir partir tranquillement pour la France.

　Comme c'est la première fois que je fais un voyage à l'étranger, j'ai un peu d'appréhension[2]; aussi cela me rassure-t-il de vous savoir à Paris. Je ne sais comment vous remercier de bien vouloir venir m'accueillir à l'aéroport.

　Au premier juin donc, et encore tous mes remerciements.

　Bien amicalement,

　　　　　　　　　　　　　　Minoru Satō

[注]
1) **j'en profite pour...**：profiter de A pour B「BのためにAを利用する」。en は前に述べている事柄、すなわち「今日授業がないというこの機会」を指します。
2) **avoir un peu d'appréhension**：「懸念する」。

3－4　お世話になったホスト・ファミリーへのお礼

　拝　啓

　帰国以来あっという間に一ヵ月がすぎ、お便りする暇もありませんでした。悪しからずお許し下さい。皆様お変わりなくおすごしのことと思います。

　一年間ホームステイさせていただき本当にありがとうございました。フランス語が十分話せない私を家族同様に親切にお世話下さり、心から感謝いたしております。フランスでの生活を楽しくすごすことができましたのも、ひとえにあなたとご家族のおかげでした。

　再度フランスへ行く機会がありましたら、ぜひお目にかかりたいと思います。ご家族の皆様にもよろしくお伝え下さい。

　　　　　　　　　　　　　　　　　　　　　　敬　具
　　　　　　　　　　　　　　　　　　　　　美　香

[解説]　短期間の滞在ではフランス人と親しく付き合う機会には恵まれないかもしれませんが、お世話になった人には必ず礼状を出しましょう。上記の手紙はいろいろな事例に利用できる文章です。

§3 お礼の手紙

Chère Madame,

　Cela fait déjà un mois que[1] je suis rentrée au Japon, mais le temps a passé tellement vite depuis mon retour que je n'ai pas eu le temps de vous écrire. Veuillez[2] m'en excuser. J'espère que vous allez toujours bien ainsi que votre famille.

　Je voudrais vous remercier de m'avoir logée si gentiment pendant un an dans votre appartement. Malgré mes difficultés à m'exprimer en français, vous m'avez traitée comme un des membres de votre famille, et je vous en suis vraiment très reconnaissante. Si[3] je garde un bon souvenir de mon séjour en France, je peux dire que c'est grâce à vous et à votre famille.

　Si j'ai un jour l'occasion de retourner en France, j'aimerais bien pouvoir vous revoir.

　Recevez, chère Madame, l'expression de mes sentiments amicaux et transmettez mon meilleur souvenir à votre famille.
　　　　　　　　　　　　　　　Mika

[注]
1) **cela fait déjà un mois que...**：「～してからすでに一ヵ月たつ」。
2) **veuillez**：vouloir の接続法現在。接続法の用法のひとつで、独立節で《願望》や《命令》を表します。
3) **si**：この si は条件ではなく、「～であるのは」という事実を表します。

3－5　パリを案内してくれた友人へのお礼

　ミシェルヘ

　パリでいろいろご親切に案内して下さった君にお礼が述べたくてペンを取りました。おかげで一般の団体旅行では見ることのできないさまざまなパリの姿を見物することができました。ご一緒いただいた「のみの市」はとくに忘れられない思い出です。

　泊めていただいたルネ・コティ通りの屋根裏部屋がなつかしく思い出されます。今度は一ヵ月ではなく、一年ぐらいあのような部屋で生活してみたいと思っています。

　そのうちぜひ東京においで下さい。あちこちご案内できる日を今から楽しみにしています。

　あらためてお礼申し上げます。お元気で。

　　　　　　　　　　　　　　　　　　　　　　勝　雄

§3 お礼の手紙　75

Cher Michel,

　　Cette lettre pour te remercier[1] de m'avoir guidé si gentiment dans Paris. Grâce à toi, j'ai découvert divers aspects de la capitale que je n'aurais jamais pu voir en voyage organisé. En particulier, notre promenade au Marché aux Puces reste pour moi un souvenir inoubliable.

　　Je garde également un très bon souvenir de la chambre de bonne[2] de l'avenue René Coty où tu m'as logé. La prochaine fois, c'est non pas un mois mais un an que j'aimerais pouvoir habiter dans une chambre comme celle-là.

　　J'espère bien que tu viendras un jour à Tokyo. Je me réjouis dès maintenant de pouvoir à mon tour te servir de guide.

　　Encore une fois merci pour tout.
　　Bien amicalement,

　　　　　　　　　　　　　　　　Katsuo

[注]

1) **Cette lettre pour te remercier de...**：主語、動詞を入れると、Je t'écris cette lettre pour... となりますが、親しい間柄ではよく省略されます。

2) **chambre de bonne**：「屋根裏部屋」のことです。bonne は「女中」で、かつては屋根裏が女中部屋でした。chambre sous les toits とも言います。パリの建物は原則として六階までですから屋根裏部屋といえば七階になります。

3−6　近況報告に対する返事

モニークへ

　久しぶりにお便り拝見し大変うれしく思いました。半年もお便りがなかったのでいかがおすごしかと少し心配していました。ドイツに留学していたのですね。勉強の方も順調な様子何よりです。
　私の方にもあなたにお知らせしたいビッグニュースがあります。実はこの3月に婚約しました。相手は高校時代の友人で、現在中学校の教師をしています。とてもやさしくてユーモアがあり、私にとっては理想の男性です。
　ドイツに夢中になって日本のことを忘れないで下さいね。ときどきお便り差し上げます。
　あなたもお手紙下さい。お待ちしています。

　　　　　　　　　　　　　　　　　　　　　　　　　由　美

[解説]　情緒的な表現が多い日本語をフランス語に直すことは容易ではありません。たとえば「久しぶり」を enfin とか après un long silence などと書くと語気荒く相手の無沙汰を非難する意味になりかねません。ご注意を！

Chère Monique,

　Cela m'a fait très plaisir de recevoir de tes nouvelles. Je commençais en effet à m'inquiéter, n'ayant pas reçu de lettre de toi depuis plus de six mois. Tu es donc partie étudier en Allemagne! Je suis contente d'apprendre que tes études marchent bien.

　En ce qui me concerne, j'ai une grande nouvelle à t'apprendre: je me suis fiancée au mois de mars dernier. Mon fiancé est un ami de lycée, et maintenant il est professeur dans un collège[1]. Gentil et plein d'humour, c'est pour moi l'homme idéal.

　J'espère que ton enthousiasme pour l'Allemagne ne te fera pas oublier le Japon. Je continuerai à t'écrire de temps en temps. A bientôt de tes nouvelles.

　Bien amicalement,

　　　　　　　　　　　　　　Yumi

[注]

1) **collège**：「中学校」。フランスの教育制度は複雑で簡単に日本の場合にあてはめることはできません。ただ日本と同じように教育の機会均等は保障されています。義務教育は6歳から16歳までです。初等教育は11学年から7学年まで（日本と逆）、中等教育は6年間で、collège（中学校）とlycée（高校）に分かれます。

§4. おわびの手紙

　祝いやお礼の手紙と違って、おわびの手紙はなかなか書きにくいものです。とくに筆不精の人にとってわび状はついつい一日延ばしにしてしまうものです。しかし、おわびの手紙こそ一日も早く書かなければならない手紙でしょう。要するに心からおわびしたいという気持ちを率直に表現することが大切で、文章の上手下手は二の次です。もっとも手紙でおわびできることといえば限られています。その範例をいくつか挙げてみましょう。

[重要な表現]

> 1．長い間ご無沙汰いたしまして申し訳ございません。
> Je m'excuse de ne pas vous avoir écrit depuis longtemps.

　「申し訳ない」は、Je m'excuse de + *inf.* のほかに、Excusez-moi de + *inf.*, Je ne sais comment m'excuser de + *inf.* あるいは Veuillez m'excuser de + *inf.* などの表現があります。

2．ご返事が遅れたことをおわびいたします。
　　Pardonnez-moi d'avoir tardé à répondre à votre lettre.

§4 おわびの手紙　79

3. せっかくお招きいただいたのにお受けできず残念です。
Je regrette beaucoup de ne pouvoir accepter votre invitation si aimable.

「残念です」は Je regrette de + *inf.* あるいは Je suis désolé de + *inf.* などの表現があります。

4. 大変残念ですが、結婚式には出席できません。
Je suis vraiment désolé de ne pouvoir assister à votre cérémonie de mariage.

5. 残念ながら先約がありますので、週末はうかがえません。
C'est vraiment dommage ; je ne pourrai pas vous rendre visite ce week-end, car je suis déjà retenu par ailleurs.

この文章は状況にしたがっていろいろと応用できます。たとえば「息子が熱を出して寝ていますので」なら、car mon fils est au lit avec de la fièvre. となります。上の文章を現在分詞を用いてひとつの文にしますと次のようになります。Je regrette beaucoup de ne pas pouvoir vous rendre visite ce week-end, étant déjà retenu par ailleurs.

6. 東京を案内することができず、申し訳なく思っております。
Je suis désolé de ne pas pouvoir te piloter dans Tokyo.

「〜することができず」に相当する部分は、現在および未来ならば単純形で、過去なら複合形で表します。次の構文と比較して下さい。

7. お求めの品が見つからず、残念です。
   Je suis désolé de ne pas avoir pu trouver l'article que vous désiriez.

8. 約束の時間を間違えました。申し訳ありません。
   Je me suis trompé dans l'heure du rendez-vous, je vous prie de m'en excuser.

このように前文の内容を中性代名詞 en で受けて最後におわびの言葉を述べる表現がよく使われます。

9. 誤って別の本を送ってしまいました。どうぞお許し下さい。
   Je vous ai envoyé par erreur un livre différent de celui que vous m'aviez demandé, je m'en excuse.

10. おわびしなければならないのは私の方です。
    C'est moi au contraire qui dois m'excuser.

おわびの文では強調構文 c'est...qui [que]... もよく用いられます。au contraire は「それどころか」ぐらいの意味です。

11. 間違えたのは私です。

C'est moi qui me suis trompé.

---

12. 重ねておわび申し上げます。

Je vous présente encore une fois toutes mes excuses.

Je vous renouvelle toutes mes excuses. または En vous renouvelant toutes mes excuses,... とも表現できます。

4－1　友人に無沙汰をわびる

モニークへ

　長い間お便り差し上げずごめんなさい。お手紙をいただいてから三ヵ月になりますね。返事を書こうと思いながら、つい忙しさにまぎれ今日になってしまいました。
　この間、いろいろなことがありました。期末試験、十日間のヨーロッパ旅行、祖母の死。ヨーロッパ旅行のときはぜひあなたにお会いしたかったのですが、パリ滞在が三日間で、レンヌまで行くことができず残念でした。
　あなたはその後いかがおすごしですか。今度はすぐにご返事を書くことをお約束します。

　　　　　　　　　　　　　　　　　　　　　　　　　由紀子

[解説]　フランスにも Pas de nouvelles, bonnes nouvelles.「便りのないのはよい便り」という諺がありますが、手紙を受け取ってから返事を出すまで三ヵ月というのは感心できません。

§4 おわびの手紙

Chère Monique,

　Cela fait longtemps que je ne t'ai pas donné de mes nouvelles, je m'en excuse. J'ai dû recevoir ta dernière lettre il y a trois mois. Depuis, je ne sais combien de fois j'ai voulu t'écrire, mais je n'en ai pas trouvé le temps[1] jusqu'à aujourd'hui.
　Entre-temps[2], il s'est vraiment passé un tas de choses: les examens semestriels, un voyage de dix jours en Europe, le décès de ma grand-mère. Je tenais absolument à te rencontrer pendant mon voyage en Europe, mais ne séjournant que trois jours à Paris, je n'ai pas eu le temps d'aller jusqu'à Rennes; c'est vraiment dommage.
　Et toi, que deviens-tu? Je te promets de répondre aussitôt à ta lettre la prochaine fois.
　Amitiés,

　　　　　　　　　　　　　　　Yukiko

[注]

1) **Je n'en ai pas trouvé le temps**：「忙しい」は occupé という形容詞がありますが、Je n'ai pas le temps. と否定的に表現したり、Les journées passent à une vitesse folle. などと間接的に表現したりすることの方が多いようです。

2) **entre-temps**：「この間(かん)」。同義語に dans l'intervalle があります。

4－2　依頼された本の発送遅延をわびる

ポールへ

　君に頼まれていた本を今日やっと送ることができました。航空便で十日ぐらいかかるそうですから、この手紙が届いてからまもなく着くでしょう。
　こんなに遅くなって本当に申し訳なく思っています。忘れていたわけではないのですが、いろいろと用事が重なり、その上本を取り寄せなければならなかったので、かなり時間がかかってしまいました。これにこりずに、これからも必要なときは遠慮なく申し出て下さい。今度はもっと早く送ることを約束します。
　お便りを待っています。

　　　　　　　　　　　　　　　　　　　　　　　　　　昭　二

[解説]　フランスに小包を送る場合、航空便で約10日、船便で30～40日前後かかります。小包は形状に制限がありますから郵便局で確かめた方がいいでしょう。最近は郵便局で手頃な大きさのダンボール箱が売られていますから、これを利用することもできます。

Cher Paul,

　J'ai pu enfin aujourd'hui t'envoyer le livre que tu m'avais demandé. Comme cela prend environ dix jours[1] par avion, tu le recevras sans doute un peu plus tard que cette lettre.

　Je suis vraiment désolé de ce retard. Ne crois pas que j'avais oublié, mais j'ai eu des tas de choses à faire et de plus, comme il a fallu le commander, cela a demandé un certain temps[2]. J'espère que tu ne m'en voudras[3] pas pour autant et que tu continueras à faire appel à moi, si besoin est[4]. La prochaine fois, je te promets de faire plus vite.

　En espérant avoir bientôt de tes nouvelles, je t'envoie toutes mes amitiés.

　　　　　　　　　　　　　　　　Shoji

[注]
1) **cela prend dix jours**:「十日かかるそうです」を直訳すれば Cela prend, paraît-il, dix jours. となりますが、フランス語ではこうした場合断定的な言い方をすることがよくあります。この場合も paraît-il は不要でしょう。
2) **cela demande du temps**:「時間がかかる」は cela met [prend] du temps. あるいは Il faut du temps. でもかまいません。
3) **en vouloir à** *qn.*:「~に恨みを抱く」、「~を悪く思う」。
4) **si besoin est**:「もし必要があれば」。成句で、s'il en est besoin とも言います。

4－3　予定変更によって訪問できなくなったことをわびる

　マリへ

　5月20日付のお便り受け取りました。早速ご返事下さりありがとうございました。

　お手紙によるとディジョンのお宅にお招き下さるとのこと非常に感激いたしました。しかし、残念なことに旅行の日程が変更になり、フランスには二日しか滞在できません。ですからディジョンには行けなくなりました。この思いがけない不運を大変残念に思っています。あなたやご家族の皆様にお会いできるのをとても楽しみにしていましたのに。またの機会を期待いたしております。

　ご家族の皆様によろしくお伝え下さい。お元気で。

正　子

[解説]　日本人は社交辞令で「遊びにいらして下さい」とか「お立寄り下さい」と言いますが、フランス人の招待は本心からのものです。行けなくなった場合は必ずわび状を出しましょう。

§4 おわびの手紙

Chère Marie,

　J'ai bien reçu votre lettre du 20 mai et vous remercie de m'avoir répondu aussi rapidement.

　Dans votre lettre, vous avez la gentillesse de[1]) m'inviter chez vous à Dijon et j'en suis très touchée. Malheureusement, il y a eu un changement dans le programme du voyage: le séjour en France a été réduit à deux jours et je ne pourrai donc pas aller[2]) à Dijon. Je suis vraiment fâchée de ce contretemps. Je me réjouissais tant de pouvoir vous rencontrer ainsi que votre famille... Espérons qu'une autre occasion se présentera bientôt!

　Veuillez transmettre mon amical souvenir à[3]) votre famille. A vous, je vous fais toutes mes amitiés.

　　　　　　　　　　　　　　　　Masako

[注]

1) **avoir la gentillesse de** + *inf.*：「～して下さる」という意味ですが、ほかに avoir l'amabilité [l'obligeance] de+*inf.* とも言います。

2) **Je ne pourrai donc pas aller**：「行くことができなくなった」。donc は結果を表しています。

3) **mon amical souvenir à** *qn.*：「～によろしく」はこれ以外にもいろいろな表現が可能です。Mes amitiés chez vous. Dites bonjour à votre famille de ma part. など。[第一部・6.末文] 参照。

4−4　東京を案内できないことをわびる

　フィリップへ

　昨日お手紙受け取りました。ありがとう。今年の夏はついに日本でバカンスをすごすのですね。君の長年の夢がかなえられて大変うれしく思います。
　ところが非常に残念なことに君が日本滞在中に、ぼくは東京を留守にしなければなりません。地方で開催されるセミナーにどうしても出席しなければならないからです。君が日本に来たらいろいろ案内する約束をしていたのに本当に申し訳ないと思っています。その代わりにぼくの友人に東京案内を依頼しておきました。
　旅行のスケジュールが決まったら知らせて下さい。楽しい日本滞在となりますよう祈っています。

　　　　　　　　　　　　　　　　　　　　　　　　　浩　二

[**解説**]　フランスを訪れる日本人観光客は年間約36万人と言われています。それに対し日本を訪れるフランス人は年々増えているとはいえ、約7万人にすぎません。

§4 おわびの手紙

Mon cher Philippe,

　Ta lettre m'est arrivée hier et je t'en remercie. Ainsi as-tu enfin décidé cette année de venir passer tes vacances d'été au Japon. Je me réjouis pour toi que tu puisses réaliser ce projet de longue date.

　Il y a simplement une chose que je regrette beaucoup, c'est que pendant ton séjour au Japon, je serai absent de Tokyo. Je dois en effet absolument assister à un séminaire en province. Il était convenu entre nous que je te piloterais[1] un peu partout lorsque tu viendrais[1] au Japon et je suis vraiment désolé de ne pas pouvoir tenir ma promesse. En revanche[2], j'ai demandé à un ami[3] de te servir de guide dans Tokyo.

　Dès que tu auras fixé ton programme de voyage, fais-le-moi connaître. Je te souhaite un agréable séjour au Japon et t'envoie mes fidèles amitiés.

　　　　　　　　　　　　　　　　Koji

[注]

1) **piloterais ; viendrais**：主節の動詞が過去の場合、従属節には過去未来としての条件法現在が使われます。
2) **en revanche**：「その代わりに」という意味の熟語です。
3) **un ami**：「ぼくの友だち」は mon ami ですが、この場合は「多くの友人の中のひとり」という意味で un ami というべきです。

§5. 見舞いの手紙

　見舞いといえば頭に浮かぶのは、やはり病気見舞いですが、フランス人はくだものかごや見舞金をもって儀礼的に病人を「見舞う」ということはしません。だいたいフランス語には「見舞う」という単語はありません。したがって「病人をたずねる」faire visite à un malade とか「病院にいる人に会いに行く」aller voir *qn.* à l'hôpital と説明的に表現することになります。「見舞状」もあえていうなら、lettre de consolation [de réconfort]「慰め[励まし]の手紙」とでも表現するほかないでしょう。

　そのほか日本には暑中、残暑、寒中と季節ごとの見舞状がありますが、四季の区別がそれほど鮮明でなく、寒暖の差があまり激しくないフランスでは時候に応じて見舞状を出すという習慣はありません。

[**重要な表現**]

> 1. 入院なさったと聞いて驚きました。
>   J'ai été surpris d'apprendre que vous aviez été hospitalisé.

　この文章は La nouvelle de votre hospitalisation m'a surpris. と書き直すことができます。このように無生物を主

語にしますと感情、主観が排除されて客観的、抽象的な表現になります。その結果、あらたまった文語調の文章になります。

2． 交通事故にあわれたとのこと、とても心配いたしております。
Je suis très inquiet de savoir que vous avez eu un accident de voiture.

3． 奥様がご病気とうかがい大変心を痛めております。
J'ai été bien peiné d'apprendre la maladie de votre femme.

être peiné de...：「～に心を痛める」。病気の見舞状によく使われる言い回しです。

4． 一日も早くご回復なさるようお祈りいたしております。
Je souhaite que vous vous rétablissiez le plus vite possible.

souhaiter que... の後は接続法が用いられます。「回復する」は se remettre でもかまいません。上の文章は従属節を使わずに Je vous souhaite de vous rétablir le plus vite possible. と言い換えることもできます。また、もっとていねいな表現をすれば、Je vous adresse tous mes vœux de prompt rétablissement. となります。

> **5.** どうぞ、お体をお大切に。
> Soignez-vous bien.

これは病人に対して使う表現で、健康な人には Prenez bien soin de votre santé. と言います。

6. 手術後の経過はいかがですか。
Comment te sens-tu depuis l'opération?

7. いつ退院できそうですか。
Quand penses-tu pouvoir quitter l'hôpital?

> **8.** 暑中お見舞い申し上げます。
> J'espère que vous êtes toujours en excellente santé malgré cette chaleur insupportable.

直訳しますと「この耐えがたい暑さにもかかわらず、お変わりなくおすごしのことと思います」となります。フランスではこうした文章で暑中見舞いを述べる習慣はありませんが、おぼえておいてもいい表現でしょう。

9. バカンスをいかがおすごしですか。
Comment se passent tes vacances ?

人間を主語にすれば Comment passes-tu tes vacances ? となります。

10. 楽しいバカンスをおすごし下さい。

Je te souhaite de passer de bonnes vacances.

Bonnes vacances ! ということもできます。

5－1　入院した友人への見舞い

　マルチーヌへ

　あなたが胃潰瘍で入院なさったとの知らせを受け本当に驚いています。軽度のものであることを願っております。私の母がかつてこの病気を患ったことがありますが、回復には相当時間がかかるようです。今夏に予定している日本への旅行が中止にならないよう祈っています。
　病院生活はいかがですか。私も三週間、入院した経験がありますが、一番困ったのは夜ねむれなかったことです。退屈しているのではないかと思って日本の歌のカセットを送りました。
　一日も早く全快し、予定通り来日されるのをお待ちしています。

　　　　　　　　　　　　　　　　　　　　　　　　良　子

[解説]　直接病院に見舞いに行くときは、せいぜい花や本を持っていく程度です。また退院しても快気祝いを配るという習慣はフランスにはありません。

Chère Martine,

　　J'ai été surprise d'apprendre que tu étais hospitalisée pour un ulcère à l'estomac. J'espère que ce n'est pas trop grave. Ma mère a eu autrefois la même maladie; il faut, semble-t-il, pas mal de temps pour s'en remettre[1]. J'espère que tu ne seras pas obligée d'annuler le voyage au Japon que tu as prévu pour cet été.

　　Comment se passe ta vie à l'hôpital? Moi aussi, j'ai déjà été hospitalisée[2] pendant trois semaines. Le plus pénible pour moi, c'est que je ne pouvais pas dormir la nuit. Je pense que tu dois t'ennuyer, aussi t'ai-je envoyé une cassette de chansons japonaises.

　　Je souhaite que tu te rétablisses le plus vite possible afin de pouvoir venir au Japon comme prévu.

　　Avec toutes mes amitiés,

　　　　　　　　　　　　　　　Ryoko

[注]
1) **se remettre**：「回復する」。そのほかに guérir d'une maladie, se rétablir, recouvrer [retrouver] la santé, revenir à la santé などいろいろ使えます。
2) **être hospitalisé**：「入院する」。entrer à l'hôpital とも言います。「退院する」は quitter [sortir de] l'hôpital です。hôpital は公立の病院のことです。私立の病院は clinique、市立病院は hôtel-Dieu と言います。

5−2　見舞状に対する返事

> ポールへ
>
> 　心暖まるお手紙ありがとう。大変ご心配をかけたことを申し訳なく思います。
>
> 　けがは思ったより軽く、日々よくなっています。まだ首のあたりが少し痛みますが、医者の話ですともう十日もすればとれるとのことです。順調にいけば、二週間後には退院できると思います。
>
> 　フランスも交通事故が多いと聞いています。十分ご注意下さい。
>
> 　いずれにしてももう大丈夫です。退院したらまた手紙を出します。
>
> 健

[解説]　フランスの礼儀作法 savoir-vivre に関する本を読むと「礼状はすぐ出すな」と書かれてあります。すぐに出すと「お礼は早くすませてしまえ」と考えているとみなされ相手を不快にしてしまうからだそうです。しかし、それは内容次第、感謝の気持ちの表し方によると思います。

§5 見舞いの手紙

Cher Paul,

　Merci de ta gentille lettre. Je m'excuse de t'avoir donné tant d'inquiétude à propos de mon état de santé.

　La blessure est finalement moins grave que je ne le pensais et je constate une amélioration de jour en jour. Le cou me fait encore un peu mal[1], mais d'après le médecin, la douleur devrait disparaître d'ici une dizaine de jours[2]. Je pourrai donc, si tout va bien, quitter l'hôpital dans deux semaines.

　J'ai entendu dire qu'en France il y avait beaucoup d'accidents de la circulation. Sois donc prudent, toi aussi!

　En tout cas, en ce qui me concerne, il n'y a plus d'inquiétude à avoir. A ma sortie de l'hôpital, je t'enverrai un mot[3].

　Bien amicalement,

　　　　　　　　　　　　　　　　Ken

[注]
1) **Le cou me fait encore un peu mal**：「私」を主語にして J'ai encore un peu mal au cou. ともいえます。avoir mal à... 「～が痛む」はおぼえておいて下さい。例. avoir mal aux dents「歯が痛む」。
2) **d'ici une dizaine de jours**：「約十日後に」。
3) **envoyer un mot**：「一筆書く」、écrire un mot とも言います。

5−3　暑中見舞い

ジェラールへ

　今年の日本の夏は大変な猛暑です。ぼくは今、軽井沢にある叔母の家でバカンスをすごしています。標高1500メートルの小さな町ですが、避暑地として有名です。夏は非常に涼しくて快適です。
　君のバカンスはいかがですか。シャモニーでは良い天気に恵まれていますか。今年はどんな遊覧コースを選んだのですか。その様子をぜひ聞かせて下さい。お元気で。
　　　　　　　　　　　　　　軽井沢にて
　　　　　　　　　　　　　　　　敏　彦

　[解説]　すでに述べたようにフランスでは時候のあいさつとしての暑中見舞いや寒中見舞いを交わす習慣はありません。高緯度に位置しているにもかかわらず、最高気温と最低気温の差が少ない温和な気候に恵まれているからでしょう。
　しかし、バカンスの静養先や旅先から親しい友人知人に絵葉書 carte postale [illustrée] を送って近況を報告することはよくあります。ちなみにフランスには官製はがきはありません。

Cher Gérard,

　　Cet été, il fait une chaleur terrible au Japon. Aussi je passe mes vacances[1] chez ma tante à Karuizawa. C'est une petite ville située à une altitude de 1500m, très réputée au Japon comme station estivale[2]. Le climat y est très frais et très agréable en été.

　　Et toi, comment se passent tes vacances? As-tu beau temps à Chamonix? Quelles excursions as-tu choisi de faire cette année? J'espère recevoir bientôt un petit mot de toi me racontant tes vacances.

　　Dans cette attente, je t'envoie mon amical souvenir de Karuizawa[3].

　　　　　　　　　　　　　　　Toshihiko

[注]

1) **aussi je passe mes vacances**：理由を表す接続詞 aussi の後では、しばしば主語と動詞の倒置がみられますが、一人称単数の場合はまれです。動詞が複合形のときは倒置されるのが普通です。例. Aussi ai-je passé mes vacances.

2) **station estivale**：「避暑地」。station climatique は「保養地」、station thermale は「湯治場」、station de sports d'hiver は「スキー場」です。

3) **je t'envoie mon amical souvenir de Karuizawa**：旅先から出す手紙でよく使われる文章です。Meilleurs souvenirs de Karuizawa. とも言います。

§6. 招待の手紙

　公職や、高い地位にある人を除いて、われわれ日本人がフランス語で正式な招待状を書かなければならないような事態に直面することはまずないでしょう。

　また、たとえ晩さん会や結婚式にフランス人を招待する場合でも、型にはまった招待状を出す必要はありません。むしろ、近況報告をかねた、形式にとらわれない招待状の方が好感をもたれるでしょう。ただ、「招待」というのは相手への依頼であり、問い合わせです。この点を十分考慮して書かなければなりません。日時、場所はいうまでもありませんが、できたら招待の主旨、規模なども知らせたいものです。

[重要な表現]

> 1. 土曜日の午後、お暇でしたらお茶を飲みにいらっしゃいませんか。
>   Si vous êtes libre samedi après-midi, venez prendre le thé chez moi.

　曜日の前に冠詞がなければ、「一番近い」、つまり「今週の」という意味です。より正確に表現したければ samedi de cette semaine. とします。

2. 12月10日、金曜日午後1時頃、拙宅で昼食をご一緒いたしたいと思いますが、いかがでしょうか。

J'aimerais, si c'était possible, vous inviter à déjeuner chez moi le vendredi 10 décembre vers une heure.

時刻を記す場合、私的な招待であれば何時頃 vers 〜 heure(s) と余裕をもたせるのが普通です。

3. 5月3日、日曜日午後7時頃、お食事にいらしていただければ幸いです。

Nous serions très heureux si vous pouviez venir dîner le dimanche 3 mai vers dix-neuf heures.

venir dîner であれば「自宅へ」という意味が含まれますので、à la maison, chez nous は不要です。これに対し、inviter à déjeuner とすれば au restaurant「レストランで」という可能性もありますから、chez moi と明確にする必要があります。

4. その日は山田夫妻もご招待しております。

Nous avons également invité Monsieur et Madame Yamada ce jour-là.

5. 謹んで結婚のご通知を申し上げ、10月15日土曜日午後1時からホテルオークラで開きます披露宴にご出席下さいますようお願いいたします。

Nous avons l'honneur de vous faire part de notre mariage et vous prions d'assister à la réception qui aura lieu à l'hôtel Okura le samedi 15 octobre à partir de treize heures.

6. ご都合が悪ければお電話でお知らせ下さい。

Si vous n'êtes pas libre ce jour-là, voudriez-vous avoir la gentillesse de nous le faire savoir par téléphone.

人にものを頼む場合、親しさの程度によって言い方を変えなければなりません。これはていねいな文章です。親しい間柄であれば Sois gentil de me prévenir par téléphone. さらにくだけた表現なら、Téléphone-moi pour me prévenir. などといえます。

7. おいでいただけるのを今から楽しみにしています。

Je me réjouis dès maintenant de votre visite.

> **8.** ご返事をお待ちしつつ…
> Dans l'attente de votre réponse,…

…の箇所に je vous envoie mes plus fidèles amitiés. のようないわゆる「敬具」に相当する文句を書きます。また、正式な招待状の場合は末尾に R.S.V.P.（Réponse s'il vous plaît. の略）と書きます。

> **9.** 12月10日のお招き喜んでお受けいたします。
> Nous nous rendrons avec joie à votre invitation du 10 décembre.

Nous acceptons avec plaisir votre invitation. ともいえます。

10. 夕食にご招待いただき大変光栄に思っています。
Vous me faites un grand honneur en m'invitant à dîner.

11. カトリーヌの結婚披露宴へのご招待を感謝し、喜んで出席させていただきます。
Nous vous remercions de votre aimable invitation à la réception du mariage de Catherine. C'est avec le plus grand plaisir que nous nous y rendrons.

12. 残念ながら当日は先約があります。
Nous sommes malheureusement pris ce jour-là.

13. 10日のお招きに応じられず本当に残念です。どうぞお許し下さい。
Nous sommes vraiment désolés de ne pouvoir accepter votre invitation du 10 et nous vous prions de nous en excuser.

14. この週末を伊豆で一緒にすごしませんか。
Que dirais-tu d'aller à Izu avec moi ce week-end?

Que dirais-tu de...?「〜はどうですか」という誘いの言い回しです。「週末」は fin de semaine ですが、英語の week-end の方がよく用いられます。

15. 東京においでの際はぜひお立寄り下さい。
Si vous avez l'occasion de venir à Tokyo, nous nous ferons un plaisir de vous recevoir.

❖ さえら ❖

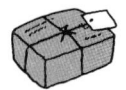

郵便用語

- 郵便局：bureau (*m.*) de poste
- 郵便ポスト：boîte (*f.*) aux lettres （郵便受の意味もある）
- 郵便：poste (*f.*)   ・郵便物：courrier (*m.*)
- 手紙：lettre (*f.*)   ・封筒：enveloppe (*f.*)
- 絵葉書：carte postale (*f.*)   ・切手：timbre (*m.*)
- 航空書簡：aérogramme (*m.*)   ・宛名：adresse (*f.*)
- 小包：paquet (*m.*) これより大きいものは colis (*m.*)
- 郵便番号：numéro (*m.*) de code postal
- 差出人：expéditeur-*trice*(*n.*) ・受取人：destinataire (*n.*)
- 「航空便」：《Par avion》   ・「船便」：《Par bateau》
- 「速達」：《Exprès》   ・「書留」：《Recommandé》
- 「優先便」：《Prioritaire》   ・「親展」：《Confidentiel》
- 「印刷物」：《Imprimé》   ・「定期刊行物」：《Périodique》
- 郵便為替：mandat (*m.*)   ・電報為替：mandat télégraphique
        postal
- 郵便振替：chèque (*m.*)   ・郵便振替口座：compte chèque
        postal   postal (C.C.P.)
- 私書箱：boîte (*f.*) postale
- cedex：(courrier d'entreprise à distribution exceptionnelle の
      略）郵便物の多い大会社などに特別に集配する制度。

6-1　知人を晩さんに招待する

　拝　啓

　久しくお会いしていませんが、お変わりなくおすごしのことと思います。

　フランスからお戻りになったばかりだそうですね。そこであなた方ご夫妻を夕食にご招待し、フランス旅行のことなどについてお話をうかがいたく存じます。10月10日、金曜、夜8時頃いらしていただけないでしょうか。ご都合おうかがいいたします。当日はトマ夫妻もお招きしています。お二人もあなた方にお会いするのを楽しみにしていらっしゃいます。

　ご都合が悪いようでしたら電話でお知らせ下さるようお願いします。

　家内からもよろしくとのことでございます。

　　　　　　　　　　　　　　　　　　　　　　敬　具
　　　　　　　　　　　　　　　　　　　　山田　徹夫

[解説]　お茶やアペリティフ（食前に飲む軽い酒）への招待ならば、口頭や電話でもかまいませんが、ディナーへの誘いは前もって手紙で伝えた方がていねいです。その場合夫婦単位で招待するのが礼儀です。手紙を出した後、電話で相手の都合を聞けばなお親切でしょう。

Chers amis,

   Il y a longtemps que nous ne nous sommes vus; j'espère que vous allez toujours bien.

   J'ai entendu dire que[1] vous veniez de rentrer de France. Aussi j'aimerais bien, si c'était possible, vous inviter à dîner et nous pourrions parler entre autres de votre voyage en France. Que diriez-vous[2] par exemple du vendredi 10 octobre vers vingt heures? Nous avons justement invité les Thomas ce jour-là et je sais qu'ils aimeraient aussi vous rencontrer.

   Si vous n'êtes pas libres ce jour-là, pourriez-vous[3] avoir la gentillesse de nous le faire savoir par téléphone?

   Ma femme se joint à moi pour vous adresser à tous les deux nos fidèles amitiés.

                              Tetsuo Yamada

[注]

1) **entendre dire que...**:「〜という話を聞く」。
2) **Que diriez-vous de...?**:「〜はいかがですか」。自分が勧めたことに対して相手の意向をたずねる言い回しです。例. Que diriez-vous d'une promenade?「散歩はいかがですか」。
3) **Pourriez-vous**+*inf*.?：語調緩和の条件法。「〜していただけませんか」というていねいな言い回しです。Voudriez-vous+*inf*.? もよく使います。

6－2　晩さんへの招待に対する返事

　拝　啓

　夕食にお招きいただき大変うれしく思っております。厚くお礼申し上げます。
　しかし、10月10日金曜日はあいにく先約がございます。せっかくのご招待をお受けできず、本当に残念に思います。悪しからずお許し下さい。
　トマ夫妻には最近お会いしていません。くれぐれもよろしくお伝え下さい。
　またお会いできる日を楽しみにしています。まずはおわびまで。

敬　具
フランソワ・マラン

　[解説]　招待された場合、出欠の如何にかかわらず、まずお礼を述べることはいうまでもありません。招待に応じられないときは、理由を書くことになりますが、公式の招待には簡単に、私的な場合には詳細にが原則です。
　出席するときは花束、ワイン、ちょっとした贈物などを持参します。また招待されたら、次には相手を招待するのが礼儀です。

§6 招待の手紙

Chers amis,

　Nous avons été très touchés de votre aimable invitation à dîner et nous vous en remercions.

　Vous nous avez proposé la date du vendredi 10 octobre, mais nous sommes malheureusement pris[1] ce jour-là. Nous sommes désolés de ne pouvoir répondre à votre gentille invitation et nous vous prions de nous en excuser.

　Nous n'avons pas eu l'occasion de rencontrer les Thomas[2] ces derniers temps. Veuillez leur transmettre notre amical souvenir.

　En vous renouvelant[3] nos excuses, nous vous adressons nos plus fidèles amitiés et espérons avoir très bientôt la joie de vous revoir.

　　　　　　　　　　　François Malin

[注]
1) **être pris**：「先約がある」。avoir un engagement も使います。
2) **les Thomas**：「トマ夫妻」ですが正式には、Monsieur et Madame Thomas と書きます。
3) **En vous renouvelant…**：再三出てきた決まり文句です。「あらためて」「重ねて」「もう一度」の意味です。お礼やおわびを述べるとき使います。

6－3　来日する友人を自宅に招く

>　ミレイユへ
>
>　このすばらしい知らせを長い間待っていました。この夏、本当に日本にいらっしゃることに決めたのですね。
>　東京に滞在中はぜひ私の家にお泊まり下さい。フランスのあなたの家に比べると狭いのですが、あなたをお泊めする余裕は十分あります。両親はフランス語が話せませんので少し心配していますが、あなたにおいでいただけることを喜んでおります。どうぞごゆっくりおくつろぎ下さい。
>　到着時間、航空会社、フライト・ナンバーわかり次第お知らせ下さい。空港までお迎えに行きます。お会いできるのを楽しみに。
>
> かしこ
吉田　雅子

　[解説]　はじめて来日したフランス人を自宅に招いた場合、風俗、習慣の違いからさまざまなトラブルが予想されます。たとえば、畳の部屋に入るときはスリッパを脱ぐこと、浴槽の中では身体を洗わないこと、お風呂の使用後すぐに浴槽の栓を抜かないことなどは一応説明しておいた方がいいかもしれません。

Chère Mireille,

　Il y a longtemps que j'attendais cette bonne nouvelle! C'est donc décidé! Tu viendras au Japon cet été.
　Pendant ton séjour à Tokyo, j'espère bien que tu logeras chez nous. Notre maison est petite en comparaison de la tienne, mais il y a suffisamment de place pour t'y recevoir. Mes parents sont un peu inquiets car ils ne parlent pas français. Ils se font cependant une joie de t'accueillir[1]. Nous espérons que tu te sentiras à l'aise chez nous.
　Dès que tu connaîtras l'heure d'arrivée de l'avion ainsi que le nom de la compagnie et le numéro du vol, aie la gentillesse de[2] me les communiquer. J'irai t'accueillir à l'aéroport.
　Dans l'attente de te revoir, je t'envoie mes plus fidèles amitiés.

　　　　　　　　　　　　Masako Yoshida

[注]

1) **se faire une joie de** +*inf.*：「〜することを喜びとする」「喜んで〜する」。se réjouir de +*inf.* と同じ意味です。

2) **aie la gentillesse de...**：aie は avoir の命令形です。よりていねいに表現する場合は Voudrais-tu avoir la gentillesse de me les communiquer? となります。

6－4　結婚披露宴へ友人を招待する

　　イザベルへ

　　しばらく前にお知らせいたしましたように私は来月結婚します。そこでぜひあなたに武と私の結婚式に出席していただきたいと思います。披露宴は11月15日、日曜日午後1時から赤坂プリンスホテルで行います。
　　日本の結婚式にはじめて出席するあなたにとって、驚かれることがたくさんあると思います。後日、感想をお聞かせ下さい。
　　あなたがご存知の田中道子さんもご招待いたしました。あなたの話し相手になってくれることでしょう。
　　では当日お目にかかれるのを期待して。

　　　　　　　　　　　　　　　　　　　　　　　田中　由紀子

[解説]　フランスで結婚通知状兼披露宴への招待状をもらった場合は、出席する旨を通知した上、指定された日時に教会へ行きます。そしてまず宗教上の結婚式（mariage religieux）に参列し、その後披露宴に出ます（民法上の結婚（mariage civil）には近親者のみ参列するのが普通です）。以前は午前中に結婚式、午後に披露宴という形式が一般的でしたが、最近では午後に両方すませるケースが増えてきたようです。

Ma chère Isabelle,

　Comme je te l'ai annoncé il y a déjà quelque temps, je me marie le mois prochain et nous tenons beaucoup, Takeshi et moi, à ce que[1] tu assistes à notre mariage. La réception aura lieu[2] le dimanche 15 novembre à une heure de l'après-midi à l'hôtel "Akasaka Prince."

　Ce sera, pour toi, la première fois que tu assisteras à une cérémonie de mariage au Japon et il y aura sans doute beaucoup de choses qui te surprendront. Tu me donneras tes impressions après!

　Nous avons également invité ton amie, Michiko Tanaka. Tu auras ainsi quelqu'un à qui parler.

　En espérant de tout cœur t'avoir près de nous[3] le jour de notre mariage, je t'embrasse.

Yukiko Tanaka

[注]
1) **tenir à ce que** + *subj.*：「～することを熱望する」という意味です。tenir à + *inf.* もよく使います。例．Je tiens à te remercier.「ぜひあなたにお礼を申し上げたい」。
2) **avoir lieu**：「挙行される」。
3) **t'avoir près de nous**：直訳しますと「あなたにわれわれのそばにいてもらう」となりますが、ここでは「出席してもらう」の意味になります。

6－5　結婚披露宴への招待に対する返事

a）出席の場合（花嫁の両親に宛てる）

> 拝啓
> 　カトリーヌの結婚披露宴へのご招待に感謝し、喜んで出席させていただきます。
> 　ご結婚を心よりお祝い申し上げます。　　　　敬　具
> 　　　　　　　　　　　　　　　　　　　　　山下　茂雄

b）欠席の場合（花嫁の両親に宛てる）

> 拝啓
> 　カトリーヌの結婚披露宴にご招待いただき感謝申し上げます。喜んで出席したいところですが、あいにく当日、同僚の結婚式に招かれております。そのようなわけで、誠に残念ですが、ご招待には応じられません。おわび申し上げます。
> 　結婚なさるお二人にどうぞよろしくお伝え下さい。
> 　　　　　　　　　　　　　　　　　　　　　　　敬　具
> 　　　　　　　　　　　　　　　　　　　　　　　小岩　博

　[**解説**]　前述のようにフランスでは結婚通知状 faire-part de mariage と披露宴への招待状は別ですが、兼ねている場合もあります。いずれにしても R.S.V.P.（ご返事下さい）の文字が書かれているはずです。日本のように返信用の葉書は入ってきませんが、折り返し返事を出さなければなりません。

a)

Cher Monsieur, chère Madame,

    Je vous remercie de votre aimable invitation. C'est avec le plus grand plaisir que je me rendrai à la réception du mariage de Catherine.
    Avec toutes mes félicitations, je vous prie de croire, cher Monsieur, chère Madame, à mon souvenir le meilleur.

                        Shigeo Yamashita

b)

Cher Monsieur, chère Madame,

    Je vous remercie de votre aimable invitation à la réception du mariage de Catherine. C'est avec plaisir que je m'y serais rendu, malheureusement ce jour-là, je suis justement invité au mariage d'un collègue de bureau. Je regrette beaucoup de ne pas pouvoir me rendre à votre invitation et vous prie de m'en excuser.
    Veuillez transmettre aux futurs époux mes meilleurs vœux de bonheur. Je vous adresse, cher Monsieur, chère Madame, toutes mes félicitations et vous prie de croire à mes pensées les meilleures.

                        Hiroshi Koiwa

§7. 紹介の手紙

　人を手紙で紹介するときは、慎重を期すことが大切です。とくに相手が外国人の場合、国際信用の問題にもなりかねません。紹介する人、紹介される相手双方の人物・人柄をよく知っている場合でも思わぬトラブルにまき込まれることがあります。紹介される相手の立場も十分考えた文面の手紙を書かなければなりません。

　フランスでは日本で考えられている以上に紹介状の意味は大きく、それが公的な性格をもつものであればあるほど重要視されます。安易な気持ちで、無責任に人を紹介する手紙を書くことは、紹介する人だけでなく紹介される相手も傷つけることになりますから十分気をつけましょう。推薦状の場合はなお一層の注意が必要です。

［重要な表現］

> 1．友人の土井友子さんをご紹介します。
> Je vous donne le nom d'une amie ; il s'agit de Mademoiselle Tomoko Doi.

　当人を前にして相手に紹介する場合は Je vous présente Mademoiselle Tomoko Doi. と言いますが、手紙で紹介するときは présenter を使うことができません。donner (indiquer) le nom de *qn*. という表現を用います。

§7 紹介の手紙

2. あなたの友人の鈴木さんに紹介され、お手紙を差し上げる次第です。

Je vous écris de la part de votre ami, Monsieur Suzuki.

de la part de *qn.* は「人のところから」「人の名において」という意味の熟語ですが、ここでは「人の紹介によって」の意味で使っています。

3. 山下香さんをご推薦申し上げます。

Je me permets de vous recommander Mademoiselle Kaori Yamashita.

se permettre de +*inf.* は「～させていただく」という意味で一種の謙譲を表す言い回しです。

4. 彼女にあなたのお名前と電話番号を教えました。

Je lui ai indiqué ton nom et ton numéro de téléphone.

この場合の「教える」は、学問や知識を教えるという意味ではありませんから indiquer [donner] で apprendre は使えません。

5. まもなく、彼女の方から連絡することと思います。
   Je pense qu'elle te contactera sous peu.

6. あなたとお知り合いになれば彼女もとても喜ぶことでしょう。
   Elle sera, elle aussi, très heureuse de faire ta connaissance.

7. 彼女をよろしくお願いいたします。
   Je te remercie à l'avance de tout ce que tu pourras faire pour elle.

「よろしく」という言い方はフランス語にはありませんので状況に応じて説明的に述べることになります。remercier à l'avance de *qch.* は「～について前もってお礼する」ですが、「よろしく」という意味を含んでいます。

8. 彼女の相談相手になって下されば大変うれしく思います。
   Je serais moi-même très content si tu pouvais l'aider de tes conseils.

9. 彼はとても感じのよい人ですから、おそらく君の気に入ると思います。
   C'est un jeune homme très sympathique et je suis sûr qu'il te plaira.

「彼は好感がもてる」は Il est sympathique. あるいは Je le trouve sympathique. と言います。便利な表現ですからおぼえておきたいものです。

10. ご都合のよろしい日に彼にお会いいただきたくお願いいたします。

J'aimerais vous demander de le rencontrer le jour qui vous conviendra.

7-1　フランスの知人に渡仏する友人を紹介する

　　ジャン＝ポールへ

　今日は友人の鈴木道夫君を紹介させていただきます。彼は、フランス政府給費留学生として一ヵ年の予定でこの夏パリに出発します。いろいろ困ったときに相談相手になってくれる人を探していましたので君の名前と住所、電話番号を教えました。近いうちに本人から連絡があると思います。前もって君の了承を得ませんでしたが悪しからずお許し下さい。

　最後に彼について一言申し述べておきます。彼の専門は数学ですが、フランス語を少しと英語をかなり上手に話します。非常に気さくな方ですから君と気が合うに違いありません。

　くれぐれも彼のことをよろしくお願いします。

　　　　　　　　　　　　　　　　　　　　　　　　健　二

[解説]　親しい間柄であるからといって、むやみに自分の友人を紹介するのは考えものです。面識もない人に次々に押しかけられるのは相手にとって迷惑この上ないものです。やむをえず紹介することになったら、相手の寛容を乞うべく、ぜひおわびの言葉を添えたいものです。

Cher Jean-Paul,

　Aujourd'hui, je me permets de te recommander[1] un de mes amis, Michio Suzuki, qui se rendra cet été pour un séjour d'un an à Paris en tant que boursier du gouvernement français. Il désirait connaître quelqu'un à qui il puisse demander conseil si besoin est et je me suis permis de lui donner ton nom, ainsi que ton adresse et ton numéro de téléphone. Je pense qu'il devrait te contacter sous peu[2]. J'espère que tu ne m'en voudras pas d'avoir agi ainsi sans ton autorisation.

　Pour finir, un mot sur mon ami. Il est mathématicien, parle un peu le français et assez bien l'anglais. C'est un garçon très franc et je suis sûr qu'il te sera sympathique[3].

　En te remerciant à l'avance de tout ce que tu pourras faire pour lui, je t'envoie mes plus fidèles amitiés.

　　　　　　　　　　　　　　　Kenji

[注]

1) **recommander** *qn.*：ここでは「人のことをよろしくお願いしたく、ここに紹介いたします」といったニュアンスを含んでいます。
2) **sous peu**：「まもなく」「近いうちに」。
3) **il te sera sympathique**：「君と気が合う」「君の気に入る」。

7-2　紹介された相手にはじめて手紙を出す

　拝啓

　自己紹介させていただきます。鈴木道夫です。友人の山下健二君からあなたのお名前とご住所を聞き、失礼を顧みずお手紙を差し上げる次第です。
　彼からすでにお聞きのことと思いますが、私はこの7月に渡仏し、給費留学生として一年間パリに滞在する予定です。外国生活ははじめてですので何かと心配です。特に気になっているのは住居のことです。たとえば二部屋のアパルトマンの家賃はどれくらいでしょうか。情報を教えていただければ幸いです。
　ご返事をお待ちいたしております。

　　　　　　　　　　　　　　　　　　　　　　敬　具

　　　　　　　　　　　　　　　　　　　　鈴木　道夫

[解説]　面識のない相手ですから、まず自己紹介からはじめ、ていねいな文章を書くよう心がけましょう。

§7 紹介の手紙

Cher Monsieur,

    Permettez-moi de me présenter: mon nom est Michio Suzuki. Mon ami, Kenji Yamashita, m'ayant donné vos nom et adresse, je me suis permis de[1] vous écrire.

    Comme vous avez dû l'apprendre par Kenji, je me rendrai en France en juillet pour un séjour d'un an à Paris comme boursier. Etant donné que c'est mon premier séjour à l'étranger, je me fais un peu de souci. Je m'inquiète surtout des conditions de logement. Combien faut-il compter par exemple pour le loyer d'un deux-pièces[2]? Je vous serais reconnaissant de bien vouloir me renseigner sur ce sujet.

    Dans l'attente de votre réponse, je vous prie d'agréer, cher Monsieur, mes sincères salutations.

                              Michio Suzuki

[注]

1) **je me suis permis de** + *inf.*:「失礼を顧みず〜した」「あえて〜した」。J'ai décidé de +*inf.* と書き換えることもできますが se permettre de + *inf.* の方がていねいな表現です。

2) **un deux-pièces**: un appartement de deux pièces の略。二部屋のアパルトマンですが台所もついているのが普通です。

7-3　フランス人に家庭教師を紹介する

　拝　啓

　この前お会いしたとき、日本語の家庭教師を探しているとおっしゃっていましたが、あちこちたずねてみたところとてもよい方が見つかりました。私の友人の妹で、フランス語を勉強している富田知子さんという女子大生です。彼女は日本語を教えることに大変興味をもち、あなたにぜひお目にかかりたいと申しております。性格も明るいのですぐ仲良しになれると思います。あなたの電話番号を教えましたので、近いうちに彼女の方から連絡するはずです。

　お会いできる日を楽しみに。

　　　　　　　　　　　　　　　　　　　　かしこ

　　　　　　　　　　　　　　　　　　吉田　康子

[解説]　フランス人に日本語を教えるということは決して容易ではありません。フランスやフランス人をよく知っている人を紹介することです。

Chère Madame,

　Lors de notre dernière rencontre, vous m'avez dit que vous cherchiez un professeur[1] pouvant vous donner des leçons particulières de japonais. En demandant un petit peu partout, j'ai finalement trouvé quelqu'un qui devrait vous convenir[2]. Il s'agit de la sœur d'une de mes amies, Mademoiselle Tomoko Tomita, qui étudie le français à l'université. Cela l'intéresserait beaucoup d'enseigner le japonais et elle souhaiterait donc vous rencontrer. C'est une jeune fille très gaie et je suis sûre qu'elle vous plaira. Je lui ai indiqué votre numéro de téléphone, je pense donc qu'elle vous téléphonera sous peu.

　En espérant avoir bientôt le plaisir de vous revoir, je vous adresse, chère Madame, mes fidèles amitiés.

　　　　　　　　　　　　Yasuko Yoshida

[注]

1) **professeur...**：フランス語には「家庭教師」を表す単語がありませんので professeur donnant des leçons particulières と説明的に表現します。

2) **quelqu'un qui devrait vous convenir**：日本語の「よい方」は大変漠然としていますから、フランス語に直すときは状況に応じて具体的に表現します。文例の場合は「あなたにとってふさわしい方」という意味ですから convenir を使っています。「とても感じのよい方」なら une personne très sympathique と言います。

7−4　京都を旅行するフランス人に友人を紹介する

　　前　略

　今秋、あなたが京都を訪れることを知り、京都に住む友人をご紹介しようと思いペンをとりました。

　美術を勉強している山田妙子さんです。陶芸が好きなあなたにとってはまたとない案内役だと思います。彼女なら京都の焼物に関する有益な情報をいろいろ教えてくれるに違いありません。その上彼女はフランス留学一年の経験者であり、フランス語を流暢に話します。本当にあなたにふさわしい人です。

　彼女の住所は下記のとおりです。私から紹介されたといって直接ご連絡なさればよろしいと思います。

　　　　　　　　　　　　　　　　　　　　かしこ

　　　　　　　　　　　　　　　　　　田中　恵美

[解説]　その土地に詳しい人が通訳兼ガイド役をつとめてくれれば旅の楽しみも倍増します。信頼できる友人がいればぜひ紹介してあげたいものです。しかし、詳細については上の範例のように当人同士に任せた方が無難でしょう。

Chère Madame et Amie[1],

    Connaissant votre intention de visiter Kyoto cet automne, j'ai pensé vous indiquer le nom d'une de mes amies[2] qui habite Kyoto.

    Il s'agit de Mademoiselle Taeko Yamada, étudiante en art. Pour vous qui aimez la céramique, elle sera, j'en suis sûre, le meilleur guide et saura vous donner tous les renseignements utiles concernant la poterie de Kyoto. De plus, Mademoiselle Yamada a étudié un an en France et elle parle couramment le français. Elle devrait donc vous convenir parfaitement.

    Je vous indique ci-dessous son adresse. Vous n'aurez qu'à[3], si vous le désirez, la contacter directement de ma part.

    Bien amicalement,

                                   Emi Tanaka

[注]

1) **Chère Madame et Amie**：親しい知人に対して用いる起筆用語です。[第一部・手紙の形式 4. 呼びかけ] 参照。

2) **indiquer le nom d'une de mes amies**：直訳すると「私の友人のひとりの名前を教える」となりますが、「友人を紹介する」の意味です。présenter une amie と書かないことです。[重要な表現] 1. を参照。

3) **n'avoir qu'à**+*inf.*：「～しさえすればよろしい」。

§8. 通知・報告の手紙

通知・報告の手紙といっても、誕生や死亡の通知、婚約や結婚の報告、赴任や転居のあいさつとその種類は多様です。もっともなんでも電話ですますことの多い今日、誕生や死亡など急の知らせであればわざわざ手紙で知らせる人は少ないでしょう。しかし正式な通知となるとやはり書状を用いるのが普通です。

通知状といえばその大半が活字印刷によるものですが、実に味気ないかぎりです。少なくとも親しい友人知人には近況報告をかねた自筆の手紙を出したいものです。

なお、フランスでは婚約や結婚の報告、住所変更の通知などに名刺が用いられることがあります(「付録」参照)。この場合の名刺は手紙に代わるものと考えられています。

[重要な表現]

1. JAL505便で8月10日土曜日、19時30分シャルル・ドゴール空港に到着することをお知らせします。
   Je t'informe que j'arriverai à l'aéroport Charles de Gaulle le samedi 10 août à 19 heures 30 par le vol JAL 505.

「知らせる」は annoncer, faire savoir, でもかまいません。

2. とりあえず、予定通り9月3日に帰国したことをご報告申し上げます。
   Je m'empresse de vous apprendre que je suis rentré comme prévu le 3 septembre au Japon.

   s'empresser de +*inf.* は「急いで〜する」「とりあえず〜する」という慣用句です。

3. 8月20日頃、パリに戻る予定です。詳細はわかり次第ご連絡いたします。
   J'ai l'intention de rentrer à Paris aux environs du 20 août. Je te communiquerai les détails dès que je les connaîtrai.

4. 山田一夫とマリ・プランションの両名は、去る10月4日、赤坂プリンスホテルにて挙式いたしましたことを謹んでご報告いたします。
   Kazuo Yamada et Marie Planchon ont l'honneur de vous faire part de leur mariage qui a été célébré à l'hôtel Akasaka Prince le 4 octobre dernier.

   avoir l'honneur de +*inf.* は「謹んで〜する」というていねいな言い回しです。なお、結婚のあいさつ状では Marie

Planchon のように旧姓をそのまま使います。

5. 喜んで長男、哲夫の誕生をお知らせいたします。
Nous avons la joie de vous annoncer la naissance de notre fils Tetsuo.

「悲しみを込めて」なら、次の例文のように avoir la douleur de + *inf.* です。

6. 11月10日に母が亡くなりましたことをご通知申し上げます。
J'ai la douleur de vous informer du décès de ma mère survenu le 10 novembre dernier.

7. 君に知らせる大ニュースがあります。ぼくは奨学生試験に合格しました。
J'ai une grande nouvelle à t'apprendre : j'ai été reçu au concours de bourses.

8. パリの東京銀行支店への就職が決まったことを知ったら、君はおどろくだろうね。
Tu seras sans doute étonné d'apprendre que je viens d'obtenir un poste à la succursale de la Banque de Tokyo à Paris.

思いがけないニュースを知らせるときに使う文例です。

§8 通知・報告の手紙

9. 昨日、ご依頼されていた書籍をお送りいたしましたのでお知らせいたします。

Je me permets de vous informer que je vous ai expédié hier le livre que vous m'aviez demandé.

se permettre de + *inf.* は前にも述べましたが「あえて～する」というていねいな表現です。商業文など形式的な文章を書くときよく使います。

10. 本日、注文の品たしかに受け取りましたのでご連絡いたします。

J'ai l'honneur de vous annoncer que j'ai bien reçu, ce jour même, les articles que je vous avais commandés.

11. 残念ながら、ご注文いただいた本は絶版となっていますのでお知らせ申し上げます。

J'ai le regret de vous informer que le livre que vous nous avez commandé est épuisé.

12. 住所を変更しましたのでご通知申し上げます。
Je me permets de vous signaler mon changement d'adresse.

「新住所を知らせる」は donner sa nouvelle adresse と言います。

8－1　友人に到着を知らせる

　マリへ

　パリ到着の正確な日時がわかりましたのでお知らせします。JAL315便で7月3日、20時30分にシャルル・ドゴール空港に到着の予定です。

　前便によると空港まで迎えに来て下さるとのこと、ありがとうございます。心丈夫です。到着が夜ですのでひとりだったら……と少し心配でした。

　旅行の準備もだいたい終わり、あとは出発の日を待つばかりです。

　それではパリでの再会を楽しみにしています。

　　　　　　　　　　　　　　　　　　　　　　　　寿　子

　[**解説**]　パリにはシャルル・ドゴール、オルリー、ル・ブルジェの三つの空港があります。日本からの便は現在ほとんどシャルル・ドゴール空港に着きますが、パリ到着を知らせるときは空港名も忘れないで書くようにしましょう。

Chère Marie,

　Connaissant maintenant la date et l'heure précises de mon arrivée à Paris, je te les communique. J'arriverai à l'aéroport Charles de Gaulle[1] le 3 juillet à 20h 30 par le vol JAL 315.
　Dans ta dernière lettre, tu m'as écrit que tu viendrais me chercher[2] à l'aéroport. Je t'en remercie et je dois dire que cela me rassure, car je m'inquiétais un peu à l'idée de me retrouver seule à l'aéroport, d'autant plus que c'est le soir[3].
　Les préparatifs du voyage sont maintenant à peu près terminés et je n'ai plus qu'à attendre le jour du départ.
　Je me réjouis de te revoir très bientôt à Paris et, dans cette attente, je t'embrasse bien amicalement.

　　　　　　　　　　　　　　　　Hisako

[注]
1) **l'aéroport Charles de Gaulle**：人名の場合は名詞の後に de が入りません。例：le Centre Georges Pompidou. 地名の場合は「オルリー空港」l'aéroport d'Orly のように de が必要です。
2) **aller [venir] chercher** *qn.*：「人を迎えに行く[来る]」です。aller [venir] chercher *qch.*「～を取りに行く[来る]」。
3) **d'autant plus que c'est le soir**：「夜であるだけになおさら～」。この文章は surtout à cette heure tardive. と言い換えることができます。

8-2　帰国を知らせる

　拝　啓

　三日前に無事帰国しましたのでお知らせいたします。帰路は往路ほど快適ではありませんでした。
　帰国後は時差の違いによるためか眠くてたまりません。明後日から授業がはじまります。フランスで見聞きしたことを友人たちに話してやるのが楽しみです。
　リモージュでは本当にお世話になりました。あなたのお宅に泊めていただいたことが、このたびの旅行の一番の思い出です。
　ご親切におもてなし下さったご家族の皆様にどうぞよろしくお伝え下さい。

　　　　　　　　　　　　　　　　　　　　　敬　具

　　　　　　　　　　　　　　　　　　　　　　　由紀夫

[**解説**]　フランスでお世話になった方への手紙としてはあまりにも簡略すぎると思われるかもしれません。しかし、帰国してみるといろいろな雑事が山積しているものです。一段落してからなどと考えているといつになるかわかりません。お礼の手紙はあらためて書くとして、まず無事帰国したことを知らせることです。

Cher ami,

　Cette lettre pour[1] vous apprendre que je suis bien rentré, il y a trois jours. Le retour n'a pas été cependant aussi plaisant que l'aller.

　Depuis mon retour au Japon, j'ai terriblement sommeil, sans doute à cause du décalage horaire[2]. Les cours reprennent après-demain et je me réjouis dès maintenant de[3] pouvoir raconter tout ce qui s'est passé en France à mes amis.

　Je vous remercie encore de tout ce que vous avez fait pour moi pendant que j'étais à Limoges. Mon séjour dans votre famille reste pour moi le meilleur souvenir de ce voyage.

　Transmettez avec mes remerciements, mon amical souvenir à votre famille qui s'est montrée si gentille pour moi.

　Toutes mes amitiés,

　　　　　　　　　　　　　　　Yukio

[注]

1) **cette lettre pour** + *inf.*：「～するためにこの手紙を書く」という決まり文句で、手紙を書く理由・目的が続きます。

2) **décalage horaire**：「時差」。例.「パリ東京間の時差は何時間ですか」Quel est le décalage horaire entre Paris et Tokyo?

3) **se réjouir de** + *inf.*：「～することを楽しみにする」。

8－3　友人に転居を知らせる

アランへ

　今月の10日に上記の住所に引越しましたのでお知らせします。

　新しい住所からもわかると思いますが、ようやく就職が決まり、東京に住むことになりました。4月から紀伊国屋書店に勤めているのです。仕事は大変ですが、やりがいはあります。フランス語関係の書籍を扱っているからです。

　アパートは勤め先から電車で一時間のところにあります。東京に来る機会があったら、ぜひ寄って下さい。一人泊めるくらいの余裕は十分あります。

　　　　　　　　　　　　　　　　　　　　　　　　正　樹

[解説]　フランスでは pendre la crémaillère といって新居に引越したときは友人・知人を招いてご馳走する習慣があります。前述のように転居通知は名刺を使って簡単にすますこともあります。

Cher Alain,

　　Cette lettre pour t'annoncer que j'ai déménagé[1] à l'adresse ci-dessus le 10 de ce mois.
　　Comme tu peux le deviner à ma nouvelle adresse, c'est à Tokyo que j'ai finalement trouvé un emploi. Depuis le mois d'avril, je travaille à la librairie Kinokuniya. C'est un travail assez dur mais qui en vaut la peine[2], puisque j'ai quotidiennement à m'occuper de livres concernant le français.
　　L'appartement est à une heure de train de mon lieu de travail. Si tu as l'occasion de venir à Tokyo, n'hésite pas à descendre chez moi[3]. J'ai suffisamment de place pour loger une personne.
　　Bien amicalement,

　　　　　　　　　　　　　　　　　Masaki

[注]
1) **déménager**：「引越して出ていく」ことです。これに対して「引越して入ってくる」は emménager です。
2) **valoir la peine de**+*inf.*：「～するだけの価値がある」「～するに足る」という意味です。例. Ce livre vaut la peine d'être lu.「この本は読む価値がある」。
3) **descendre chez moi**：「立ち寄る」は passer chez *qn*. ですが、「泊まる」の意味に解するならこの文のように descendre chez *qn*. となります。

8－4　友人に結婚を知らせる

　イザベルへ

　吉田姓に変わったハワイからの私の手紙を手にしておそらく驚いたことでしょう。実は私、新婚旅行で今ハワイに来ています。

　そうです。私、結婚したんです。あなたにはなにもお話ししていなかったのでびっくりなさったでしょうね。六ヵ月前に彼と知り合い、先月婚約し、三日前に結婚式を挙げました。何事ものんびり屋の私にしては早かったでしょう。彼の名前は「ワタル」、私より三つ年上で銀行に勤めています。

　五日後に東京に戻ります。一段落したら結婚式の写真をお送りします。楽しみにお待ち下さい。

　　　　　　　　　　　　　　　　　　　　　　かしこ
　　　　　　　　　　　　　　　　　　　　幸　子

[解説]　これは挙式後に出した通知状ですが、挙式前に出す正式な結婚通知状は、フランスでは少なくとも挙式の二週間前に発送されます。差出人は両親、または祖父母と両親ですが、本人の場合もあります。披露宴の招待状は、普通花嫁の母親の名前で出されます。

Chère Isabelle,

　　Tu seras peut-être étonnée de recevoir cette lettre de Hawai, signée du nom de Yoshida. C'est que[1]) je suis en ce moment à Hawai en voyage de noces.

　　Oui, je viens en effet de me marier. Ce sera, j'imagine, pour toi une surprise étant donné que[2]) je ne t'en avais rien dit. J'ai rencontré mon mari il y a six mois, nous nous sommes fiancés le mois dernier et je me suis mariée il y a trois jours. Moi qui suis généralement lente dans tout ce que je fais, cette fois-ci j'ai été plutôt rapide, n'est-ce pas? Mon mari s'appelle "Wataru" et il a trois ans de plus que moi. Il est employé de banque.

　　Je serai de retour à Tokyo dans cinq jours. Une fois que tout sera rentré dans l'ordre[3]), je t'enverrai les photos du mariage. Réjouis-toi donc à l'avance.

　　Toutes mes amities,

　　　　　　　　　　　　　　　　Sachiko

[注]

1) **c' est que...** :「それは〜だからである」。c'est parce que...と同じく理由を述べるときよく用います。

2) **étant donné que...** :「〜なので」、「〜だから」。理由を示す commeによって置き換えることができます。

3) **une fois que tout sera rentré dans l'ordre**：「一段落したら」。

8—5 ホスト・ファミリーに自分が世話になることを知らせる

　拝　啓

　はじめに自己紹介させていただきます。私は宮沢亜也子、日本人、20歳、玉川大学の3年生です。グルノーブルでの私のホスト・ファミリーに決まったあなた方御家族に、フランスに発つ前に一言ご挨拶しておこうと思いました。

　私は2年間フランス語を勉強していますが、教室の外ではフランス語で話す機会が全くありません。ですからグルノーブルでは会話の力を上達させたいと思っています。

　私はまだ一度も外国に行ったことがなく、フランス人の家庭の中で生活していけるかどうかちょっと不安です。あなた方御家族のようすや生活について知らせていただければ幸いです。

　私には17歳の弟がいます。私は東京近郊の大学の近くにアパートを借りて一人で住んでいます。両親は名古屋にいます。

　ご返事をお待ちしています。

　　　　　　　　　　　　　　　　　　　　　　　敬　具
　　　　　　　　　　　　　　　　　　　　　　宮沢亜也子

[解説]　留学先でのホスト・ファミリーが決まったら、出発前にぜひ一度手紙を出しておきたいものです。向こうでも一体どんな学生が来るか気になっているはず。自分の家族のことなど、簡単な自己紹介をしておくといいでしょう。また自分のフランス語のレベルがおよそどれくらいかをあらかじめ相手に伝えておけば、互いに心の準備ができて戸惑うことも少ないでしょう。

§8 通知・報告の手紙

Cher Monsieur, chère Madame,

Permettez-moi tout d'abord de me présenter : je m'appelle Ayako MIYAZAWA, je suis japonaise, j'ai 20 ans et je suis étudiante de troisième année à l'Université Tamagawa. C'est vous qui serez ma famille d'accueil Grenoble et j'ai souhaité avoir un premier contact avec vous avant mon départ pour la France.

J'étudie le français depuis deux ans, mais je n'ai jamais l'occasion de le parler[1] en dehors de la classe. J'espère donc que ce séjour à Grenoble me permettra de faire des progrès à l'oral.

Je ne suis jamais allée à l'étranger et j'ai un peu d'appréhension à l'idée de vivre dans une famille française. Pourriez-vous[2] me décrire votre famille et votre mode de vie ?

En ce qui me concerne, j'ai un frère de 17 ans et j'habite seule dans un appartement près de mon université dans la banlieue de Tokyo. Mes parents, eux, habitent à Nagoya.

J'espère avoir bientôt le plaisir de vous lire et dans cette attente, je vous prie d'agréer, cher Monsieur, chère Madame, mes respectueuses salutations.

Ayako Miyazawa

[注]

1) **je n'ai jamais l'occasion de le parler...**:「それを話す機会が全然ありません」。avoir l'occasion de ～は「～する機会をもつ」。le parler の le は le français をさします。
2) **Pourriez-vous～?**:「～していただけませんか？」。pourriezはpouvoirの条件法現在形で、疑問形にすると丁寧な依頼の表現になります。

§9. 依頼の手紙

人にものを依頼する場合、どんなにていねいに頼んでもていねいすぎるということはありません。ましてや書面で頼むときは、相手の立場も考えて、押しつけがましくならないように注意しながらこちらの要件を明確に表現しなければなりません。日本語にはいろいろな敬語や謙譲語がありますが、フランス語にもていねいな言い回しがあります。たとえば、《Voulez-vous...?》というところを《Voudriez-vous...?》と条件法を用いるのはその一例です。こうした表現法をおぼえて、こちらの意向を率直に表すことです。ただし、紹介状や推薦状同様、安易に依頼の手紙を出すことはつつしみましょう。

[重要な表現]

> 1. 今日はあなたにお願いしたいことがあってペンを取りました。
>   C'est pour te demander un service que je prends la plume aujourd'hui.

　　demander un service à *qn.* は「人にものを頼む」。rendre service à *qn.* は「人に役立つ」。

§9 依頼の手紙

2. 本日はあなたにちょっとしたお願いがあります。

J'aimerais aujourd'hui vous demander un petit service.

3. ホテルを予約していただけないでしょうか。

Voudriez-vous avoir la gentillesse de me réserver une chambre d'hôtel?

4. 貴社の新刊書のカタログをお送り下さい。

Veuillez avoir l'amabilité de m'envoyer le catalogue des nouvelles publications de votre librairie.

avoir l'amabilité de+ *inf.* 依頼文でよく使われます。Veuillez の代わりに条件法を用いて Auriez-vous...? とすればいっそうていねいな表現になります。

5. フランス語の個人教授をさがしていただければ大変うれしく思います。

Je serais très heureux si vous pouviez me trouver un professeur donnant des leçons particulières de français.

6. ディジョンとその周辺に関する情報をお知らせ下されば幸いに存じます。

Je vous serais reconnaissant de bien vouloir me donner des renseignements sur la ville de Dijon et ses environs.

7. もしご迷惑でなければ、彼女のためにパリを案内していただけないでしょうか。
Pourriez-vous, si cela ne vous ennuie pas, servir de guide à mon amie dans Paris?

8. お手数でも、アパートを見つけていただけませんか。
Si cela ne vous dérange pas, j'aimerais vous demander de me trouver un appartement.

9. 大変恐縮ですが、空港まで私の友人を迎えに行っていただけないでしょうか。
Puis-je me permettre de vous demander d'aller chercher mon ami à l'aéroport ?

10. 入学願書をお送り下さいますようお願いいたします。
Je vous prie de bien vouloir m'envoyer un formulaire d'inscription.

bien vouloir を挿入することによってていねいな表現になります。vouloir bien という表現もありますが、やや命令調になります。

11. ご面会いただきたくお願い申し上げます。

J'ai l'honneur de solliciter de votre haute bienveillance un entretien particulier.

---

12. 勝手な申し出で恐縮ですが、どうぞよろしくお願いします。

Je m'excuse de t'ennuyer en te demandant un tel service et te remercie à l'avance de ton aide.

9−1　個人教授を依頼する

　フランソワへ

　本日は君にお願いしたいことがあってペンを取りました。ぼくの友人が、この7月、三ヵ月の予定でフランスへ研修旅行に出かけます。彼はフランスへ行って困らないように出発前に少しでもフランス語を勉強しておきたいそうです。そこでフランス人の先生を紹介してほしいとぼくに依頼してきました。彼のために週二回、フランス語の個人レッスンをお願いできないでしょうか。彼は土曜日の午後と平日6時以降ならいつでもよいそうです。もし都合が悪ければ、どなたか紹介していただけないでしょうか。お願いします。

　なにとぞよろしく。

　　　　　　　　　　　　　　　　　　　　　　　　　　淳

[解説]　フランスのことわざに《La familiarité engendre le mépris.》というのがあります。「なれあいは軽蔑を生む」、日本の「親しき中にも礼儀あり」に該当します。どんな親しい相手に対しても、ものを頼む場合は、「断わる自由」も考えた文章を書くべきです。

Cher François,

　　C'est pour te demander un service que je prends la plume[1)] aujourd'hui. Un de mes amis va se rendre en France pour un voyage d'études de trois mois à partir de juillet prochain. Il souhaiterait étudier un peu de français avant son départ pour pouvoir se débrouiller[2)] dans la conversation et m'a demandé de lui présenter un professeur français. J'aimerais donc savoir si tu serais disposé à lui donner des leçons particulières de français deux fois par semaine. Mon ami est libre le samedi après-midi et les jours de semaine après six heures. Si ça n'est pas possible pour toi, pourrais-tu m'indiquer quelqu'un d'autre? Je compte sur toi[3)].

　　Je te remercie d'avance pour ton aide et t'envoie mes plus fidèles amitiés.

　　　　　　　　　　　　　　　　Atsushi

[注]
1) **prendre la plume**：「手紙を書く」ことを日本語と同じように「ペンをとる」と表現することができます。
2) **pour pouvoir se débrouiller**：「困らないために」。se débrouillerは「どうにかやっていく」。
3) **Je compte sur toi**：「君をあてにしている」、つまり「お願いします」の意味になります。

9－2　本の購入をフランスの友人に依頼する

　　ジャンヌへ

　しばらくお便りありませんが、皆様お変わりもなくおすごしのことと思います。今日はあなたにお願いしたいことがあって手紙を書いています。
　この前の手紙で書いたように、現在、私は卒論の準備中ですが、どうしても急いで一冊の本が必要になりました。題名は『ジュール・ヴェルヌ』ジャン・ジュール＝ヴェルヌ著、1978年アシェット社刊行の本です。購入していただけないでしょうか。はっきりした価格がわかりませんので、代金は折り返し送料とともにお送りいたしたく思います。
　ごめんどうをおかけしますが、どうぞよろしくお願いします。

　　　　　　　　　　　　　　　　　　　　　　　　　久仁恵

[解説]　フランス語の手紙では、いきなり用件を切り出すことが多いのですが、依頼状などの場合は簡単な前文を入れた方が相手によい印象を与えます。前文は平素の無沙汰をわびたり、相手の安否をたずねるなど日本語の手紙と同じです。

§9 依頼の手紙

> Chère Jeanne,
>
> 　Cela fait un petit moment que je n'ai pas eu de tes nouvelles. J'espère que tu vas toujours bien ainsi que ta famille. Je t'écris aujourd'hui pour te demander de me rendre un service.
>
> 　Comme je t'en ai parlé dans ma dernière lettre, je prépare actuellement mon mémoire de licence et j'aurais besoin[1] d'urgence d'un livre intitulé: <u>Jules Verne</u>, Jean Jules-Verne, Hachette, 1978. Pourrais-tu essayer de me le procurer? Comme je n'en connais pas le prix exact, je t'enverrai, par retour du courrier[2], la somme voulue[3], frais de port compris[4].
>
> 　Je m'excuse de te demander un tel service et te remercie à l'avance de ton aide.
>
> 　Je t'embrasse,
>
> 　　　　　　　　　　　　　　　Kunie

[注]

1) **avoir besoin de** *qch.*：「～が必要である」という熟語ですが、間接的にものを頼むことになりますので、j'aurais と条件法が使われています。

2) **par retour du courrier**：「折り返し」。

3) **la somme voulue**：「必要な金額」。

4) **frais de port compris**：「運賃（送料）込み」。また「運賃先方払いで」は en port dû と言います。

9−3　渡仏する友人の世話を依頼する

　マリヘ

　このたびもまた、フランスへ行く友人のお世話をお願いしたいのです。度重なるお願いで本当に恐縮ですが、悪しからずお許し下さい。

　彼女は山下佳代子といい、三ヵ月間の語学研修のためツールにいきます。ツールに行く前に三日ぐらいパリ見物を希望しています。そこでホテルを予約していただきたいのです。10月3日夜から10月5日朝まで、二泊三日、一つ星か二つ星でシャワー付のホテルがよいと思います。

　ご迷惑をおかけしますが、よろしくお願いします。ご返事をお待ちしております。

　　　　　　　　　　　　　　　　　　　　　　　　　ひろみ

[解説]　ホテルの予約を依頼する場合は、到着日時、滞在日数、希望場所、料金（一〜四つ星）、部屋の種類（シングルかツインか、シャワー付かバス付か）を明確に指示しましょう。

Chère Marie,

　　Cette fois encore, c'est pour te demander de t'occuper d'une amie qui doit se rendre en France que je t'écris. Cela me gêne beaucoup de devoir faire appel à[1] toi aussi souvent et j'espère que tu ne m'en voudras pas[2] trop.

　　Mon amie se nomme Kayoko Yamashita; elle va en France pour assister à un stage linguistique de trois mois à Tours, mais auparavant elle désire consacrer trois jours à la visite de Paris. J'aimerais donc te demander de lui réserver une chambre d'hôtel du 3 octobre au soir au 5 octobre au matin; une chambre avec douche dans un hôtel une ou deux étoiles[3].

　　J'espère ne pas trop te déranger en te demandant ce service et te remercie à l'avance de tout ce que tu pourras faire pour elle.

　　Dans l'attente de ta réponse, je t'envoie mes sincères amitiés.

　　　　　　　　　　　　　　　　Hiromi

[注]

1) **faire appel à** *qn.* :「人の助力を乞う」。avoir recours à *qn.*「人に頼る」と同じ意味です。

2) **en vouloir à** *qn.* :「人を悪く思う、人に恨みを抱く」。

3) **un hôtel une étoile** : un hôtel qui a une étoile のことです。フランスのホテルは一〜四つ星にランク付けされ、一つ星は最も安いホテルです。

9—4　ファックスでホテルの部屋の予約を依頼する

　　拝　啓　　　　　　　　　　　　　　　2004年8月18日

宮沢亜矢子の名前で、下記の要領で部屋をひとつ予約していただければ幸いです。

ホテル・ショパン、パリ9区モンマルトル通り10番地
宿泊人数　　　：2名
部屋のタイプ：ツイン　風呂・トイレ付き
到着日・時刻：8月25日、19時頃
出発日　　　　：8月31日
宿泊数　　　　：6泊
名前　　　　　：宮沢亜矢子
住所　　　　　：日本国　東京都町田市鶴川2-5-6
電話・ファックス番号：0427-28-6911
クレジット・カード　　：ヴィザ
カード番号　　　：4178-3989-4582-9374
有効期限　　　　：2006年8月2日

　条件をお知らせの上、できるだけ早くファックスにて予約確認書をお送りください。　　　　　　　　　宮沢亜也子

[解説]　フランスに旅行に行くとき、少なくとも最初の1、2泊はホテルを予約しておくのが無難です。旅行会社を通じて予約することもできますが、紹介されるのは高級ホテルが多く手数料も取られます。雑誌などで自分の気に入ったホテルが見つかったら、自分でファックスを送って予約してみましょう。カード番号は予約が確認されてから伝えるほうがいいでしょう。

Tokyo, le 18 août 2004

Monsieur, Madame,

    Je vous serais reconnaissante de bien vouloir me réserver une chambre au nom de Mademoiselle Ayako MIYAZAWA selon les modalités suivantes :

Hôtel Chopin, 10, boulevard Montmartre 75009 Paris

Nombre de personnes	: 2
Type de chambre[1]	: deux lits, avec bain/WC
Arrivée	: le 25 août, vers 19 heures
Départ	: le 31 août
Durée du séjour	: 6 nuits
Nom	: Ayako MIYAZAWA
Adresse	: 2-5-6 Tsurukawa Machida-shi Tokyo Japon
Tel/fax	: 0427-28-6911
Carte de crédit	: Visa
Numéro	: 4178-3989-4582-9374
Date d'expiration	: le 2 août 2006

    Je vous prie de bien vouloir me confirmer ma réservation par fax dès que possible en m'indiquant vos conditions.
    Sincères salutations.

                              Ayako MIYAZAWA[2]

[注]

1) **Type de chambre**：シングルならun lit, ダブルならun grand lit, シャワー付きならavec doucheになります。
2) 署名は手書きで。

9－5　入学案内書の送付を依頼する

　拝　啓

　私は今年、貴大学で開講予定の外国人向け夏期語学講座への参加を希望いたしております。
　つきましては、夏期講座の日程表ならびに入学願書、宿泊申込書を航空便でお送りいただきたく思います。
　国際返信用切手5枚同封いたします。
　よろしくお願い申し上げます。

　　　　　　　　　　　　　　　　　　　　　　敬　具

　　　　　　　　　　　　　　　　　　　　加納　修一

[解説]　フランスの大学で開講されている外国人向け語学講座（夏期あるいは通年）への参加を希望する場合は、入学案内書を請求することです。各大学の入学案内書はその年の3月には印刷されています。夏期講座は7月から8月にかけて開講日、期間ともいろいろですが、通年講座はだいたい10月中旬から翌年の6月までです。上記の案内書送付の依頼状のほかに返信用封筒（受取人の住所氏名を明記した大型航空便用封筒）と国際返信用切手（5枚）も忘れず同封しましょう。航空便の場合、二週間前後で送付されてくるはずです。宛先は各大学の夏期（通年）講座の事務局で、住所は『フランス留学案内』などを参照。⇨巻末参考文献。

Monsieur,

　J'envisage de[1] suivre cette année les cours d'été de langue française pour étrangers organisés par votre université. Je vous serais donc reconnaissant de bien vouloir[2] m'envoyer par avion le programme des cours d'été ainsi que les formulaires d'inscription aux cours et de demande d'hébergement.

　Veuillez trouver ci-joint[3] cinq coupons-réponse internationaux.

　Je vous prie d'agréer, Monsieur, avec mes remerciements anticipés[4], l'expression de ma considération distinguée.

　　　　　　　　　　　　Shuichi Kano

[注]
1) **envisager de**+*inf.*:「～することを計画している」。
2) **Je vous serais reconnaissant de bien vouloir...**:改まった文でよく用いられる依頼の表現です。私信の場合は Je serais très heureux si... がよく使われます。
3) **ci-joint**:「同封の」。名詞の後におかれると、Veuillez consulter la lettre ci-jointe. のように、名詞の性数に一致しますが、名詞の前では副詞的用法となり、Veuillez trouver ci-joint cinq coupons-réponse internationaux. のように一致しません。
4) **avec mes remerciements anticipés**:「あらかじめお礼申し上げつつ」。En vous remerciant à l'avance..., と書き換えることもできます。

§10. 照会の手紙

照会の手紙といっても、ホテルの予約の問い合わせから人物調査まで多種多様です。

手紙による問い合わせは、めんどうなように考えられがちですが、口頭でするより確実ですから大いに利用したいものです。とくに外国とのやりとりには電話よりも書状にかぎります。ホテルの予約ひとつにしても文書による証拠があればトラブルは起こりません。

照会の手紙は、宛先が個人でない場合が多いのでそれなりの書式をおぼえることです。なお、問い合わせには依頼を含む場合がありますから、§9.も参照して下さい。

[重要な表現]

> 1. 彼の消息をご存知でしたら、お教えいただけないでしょうか。
>   Voudriez-vous avoir la gentillesse de me donner de ses nouvelles si vous en avez?

問い合わせであると同時に依頼ですから、条件法を用いてていねいな表現にします。

§10 照会の手紙

2. 夏期講座のプログラムをお送り下さい。
Veuillez avoir l'amabilité de m'envoyer le programme des cours d'été.

3. ピエールの住所をお教えいただければ幸いです。
Je vous serais reconnaissant de bien vouloir m'indiquer l'adresse de Pierre.

4. 今年のバカンスの予定をお知らせ下さい。
Je souhaiterais connaître le programme de vos vacances de cette année.

5. 彼は今、どうしているのでしょうか。
J'aimerais savoir ce qu'il devient.

---

6. マルセイユ近郊の観光名所に関する資料をお送りいただけないでしょうか。
Je vous prie de bien vouloir m'adresser une documentation sur les sites touristiques des environs de Marseille.

---

adresser は「送る」ですが、代名動詞 s'adresser は「問い合わせる」という意味です。次の文を参照。

7. 本件に関し、どこに問い合わせるべきかご教示下さい。
   Dites-moi où je dois m'adresser en ce qui concerne cette affaire.

8. フランス国内のユースホステルの住所をお教え下さい。
   Voudriez-vous me donner les adresses des auberges de jeunesse en France?

9. レンヌ市の適当なホテルを教えて下さい。
   Pourriez-vous m'indiquer un hôtel convenable à Rennes?

10. 注文した品がまだ届きません。たしかにお送りいただいたのかお知らせ下さいますようお願いします。
    N'ayant pas encore reçu ma commande, je vous serais obligé de me faire savoir si elle a bien été expédiée.

être obligé à *qn.* de *qch.* :「～について人に感謝する」という意味ですが、Je vous serais obligé de… と条件法にすると「～していただけたらありがたいのですが」という依頼文になります。

11. 注文した書籍、残念ながら絶版しておりますのでお知らせいたします。
    J'ai le regret de vous faire savoir que le livre que vous

nous avez commandé est épuisé.

通知の文章ですが、これも一種の「問い合わせ」です。

12. まったくご連絡がないので驚いています。
Je m'étonne d'être sans nouvelles de vous.

13. 未着の品物について至急調査して下さるようお願いいたします。
Je compte sur vous pour effectuer d'urgence des recherches sur les marchandises qui ne me sont pas encore parvenues.

14. 至急ご返事いただきたく存じます。敬具
Dans l'attente d'une réponse prompte de votre part, je vous prie d'agreer, Monsieur, mes salutations distinguées.

10−1　友人の消息を家族に問い合わせる

　拝　啓

　しばらくご無沙汰いたしておりますが、皆様お変わりなくおすごしのことと思います。
　僕の方は特に変わったことはありません。相変わらず大学でフランス語の勉強をしています。
　ところでクリストフから便りがありませんが、彼は今、何をしているのでしょうか。オランダからもらった手紙ではアムステルダムのパン屋で働いているとのことでしたが、近いうちにカナダへ行くと書いてありました。本当にカナダに行ったのでしょうか。おわかりでしたら彼の住所をお知らせ下さい。
　ご返事をお待ちいたしております。

　　　　　　　　　　　　　　　　　　　　　敬　具
　　　　　　　　　　　　　　　　　　　岸田　弘

　[解説]　直接、友人に宛てて書くのではなく、家族にその消息を問い合わせる手紙です。まず相手の安否をたずね、自分の近況を簡単に報告し、それから用件を述べるという書式になっています。

§10 照会の手紙

Chère Madame,

　Cela fait longtemps que je ne vous ai écrit[1]; j'espère que vous allez toujours bien ainsi que votre famille.
　En ce qui me concerne[2], il n'y a rien de changé[3]. J'étudie toujours le français à l'université.
　Depuis quelque temps, je suis sans nouvelles de Christophe et j'aimerais savoir ce qu'il devient. Dans sa dernière lettre écrite de Hollande, il me disait qu'il travaillait dans une boulangerie d'Amsterdam, mais qu'il avait l'intention de se rendre au Canada sous peu. Est-il vraiment parti pour le Canada? Si vous connaissez son adresse, voudriez-vous avoir la gentillesse de me l'indiquer?
　Dans l'attente de votre réponse, je vous envoie, chère Madame, mon amical souvenir.　　　　　　Hiroshi Kishida

[注]

1) **Cela fait longtemps que je ne vous ai écrit**: cela fait…, il y a…, voilà…que の後の複合時制では、しばしば pas を省略し ne だけで否定にします。単純時制なら否定は ne…pas です。例. Cela fait trois mois que je ne fume pas.「三ヵ月前からたばこを吸っていない」。

2) **en ce qui me concerne**:「私はといえば」。

3) **rien de changé**: rien や quelque chose の後に形容詞を付けるときは、de を先立てます。例. quelque chose d'intéressant「おもしろいもの」。

10-2　書籍の注文、問い合わせ、カタログ請求

　拝　啓

　下記の書籍を至急航空便でお送り下さるようお願いいたします。

　Jean Chesneaux ; *Jules Verne*, 1971, FM/Fondation

　なお、S. Vierne ; *Jules Verne et le roman initiatique*, Hachette は日本の書店に問い合わせたところ絶版とのことでしたが、入手可能な方法、あるいは再版の見込みがあればそれがいつであるかを、お知らせいただきたいと思います。

　2004年版の貴社の総合カタログもお送りいただければ幸いです。

　　　　　　　　　　　　　　　　　　　　　　　敬　具
　　　　　　　　　　　　　　　　　　　　　福田　正彦

[解説]　　フランスの書店に直接注文する場合を想定した文例です。航空便か船便かを必ず指示することを忘れないようにしましょう。指示しないと船便で送られてくることになり、かなりの日数がかかります。

Messieurs[1],

　Je vous prie de[2] m'envoyer d'urgence par avion le livre dont je vous indique les références ci-dessous:
　Jean Chesneaux, <u>Jules Verne</u>, 1971, FM/Fondation.
　Par ailleurs, j'ai appris en m'adressant à une librairie japonaise que le livre de S. Vierne, <u>Jules Verne et le roman initiatique</u>, Hachette, était épuisé. Je vous serais donc obligé de me faire savoir par quels moyens je pourrais me le procurer ou, à défaut[3], pour quelle date la réédition en est prévue.
　Voudriez-vous également avoir l'amabilité de m'envoyer votre catalogue général de l'année 2004.
　Veuillez agréer, Messieurs, mes salutations distinguées.
　　　　　　　　　　　Masahiko Fukuda

[注]
1) **Messieurs**：会社などに宛てる場合は複数の呼びかけにするのが正式な書き方です。
2) **Je vous prie de**+*inf*：商業文でよく用いる言い回しです。「下記の書籍を至急お送り下さい」は、Je vous prie de me faire parvenir le plus tôt possible le livre suivant. と書くこともできます。
3) **à défaut**：「さもなければ」。

10-3 郵便物の不着を問い合わせる

拝 啓

8月3日に手紙で注文した『リトレ』全九巻、間違いなくご送付いただいたとのことですが、こちらにはまだ届いていないので驚いています。

郵便局に問い合わせましたところ、貴社から発送先の郵便局に調査を依頼してもらうようにとのことでした。

早急に善処していただきたくお願い申し上げます。

敬 具

山脇 正勝

[解説] 注文の品が届かないというトラブルはしばしばおこります。注文の控えや送金の領収書は品物が届くまでは必ず手元に残しておくべきです。

外国郵便為替金受領証書	(名あて国)
受取人 氏名	Presses Universitaires de Lille
住 所	c.c.p. no. 994-05 U
	FRANCE
差出人 氏名	Mrs FUJITA Tomoko
住 所	2-11-1-104, Turukawa, Machida-shi, JAPON TEL 0427-35-6150
取扱指定 払込 電信(普通 書信 至急) 別配達 払渡済通知 登記済通知	為替金額(外貨額) Fr.F. 70.00
送金目的(受取人には通知されません) 雑誌代金	
記事	

Messieurs,

　Vous me confirmez avoir bien expédié l'édition du <u>Littré</u> en 9 volumes que je vous avais commandée par ma lettre du 3 août et je m'étonne de n'avoir toujours rien reçu.
　Je me suis renseigné auprès de[1] mon bureau de poste et ils m'ont conseillé de vous demander de faire faire des recherches au bureau de poste qui s'est chargé de l'expédition.
　Je vous prie de bien vouloir faire en sorte que[2] ces recherches soient entreprises le plus tôt possible.
　Veuillez agréer, Messieurs, l'expression de mes salutations distinguées.

　　　　　　　　　　　Masakatsu Yamawaki

[注]
1) **se renseigner auprès de** *qn.* :「問い合わせる」。s'adresser à *qn.* と同義です。
2) **faire en sorte que**＋*subj.* :「～するようにする」。例. Faites en sorte qu'elle soit contente. 彼女が満足するようにしなさい。

10−4　留学先へホームステイの問い合わせをする

　事務局長殿

　私は藤原孝男と申します。貴大学において開催される2004年度の外国人向けフランス語講座の受講を希望いたしております。つきましてはフランス人家庭でのホームステイに関する情報をお送りいただきたくお願い申し上げる次第です。

　また、開講に間に合うようになるべく早目にステイ先を決めたいと考えておりますが、それには遅くともいつ頃までに渡仏したらよろしいのかご助言いただければ幸いに存じます。

　　　　　　　　　　　　　　　　　　　　敬　具
　　　　　　　　　　　　　　　　　　藤原　孝男

[解説]　留学する場合、落着き先を決めるのはもっとも大切なことのひとつでしょう。入学案内書には宿舎の問い合わせ先、申し込み方法などが明示されていますが、個人的に探す場合は各大学のC.R.O.U.S(学生のための厚生事業センター)に問い合わせることです。しかし、入居を決めるには現地に行って自分の目でたしかめてからにしましょう。

Monsieur le Directeur,

　　Permettez-moi de me présenter: mon nom est Takao Fujiwara. J'ai l'intention de suivre les cours permanents de français pour étrangers de l'année 2004-2005 [1] organisés par votre université. J'aimerais donc à cet effet[2] vous demander de me fournir des informations sur les possibilités de logement dans une famille française, comme hôte payant[3].

　　En outre, je souhaiterais être fixé sur mon logement suffisamment à l'avance pour ne pas manquer[4] le début des cours. Je vous serais donc reconnaissant de me dire à quelle date au plus tard il me faudra être rendu en France[5].

　　Avec mes remerciements anticipés, je vous prie d'agréer, Monsieur le Directeur, mes respectueuses salutations.

　　　　　　　　　　　　　Takao Fujiwara

[注]
1) **l'année 2004—2005**：「2004年度」のことです。
2) **à cet effet**：「そのために」。
3) **hôte payant**：営利目的ではなく、ホームステイ（滞在費は払う）として受け入れてくれる家庭に下宿する人のこと。
4) **pour ne pas manquer**：「間に合うように」。
5) **être rendu en France**：arriver en France に置き換えられます。

10－5　フランスの観光協会に問い合わせる

　拝　啓

　私はこの夏、家族とともにサン＝マロでバカンスをすごしたいと考えておりますので、サン＝マロ、およびその周辺に関すること、あるいはホテルやペンションの所在地、料金など、役に立つ情報をお知らせいただきたく思います。

　なお、ついでにイギリス行きのフェリーの乗船港と発着時間もあわせてお教えいただければ幸いに存じます。

　どうぞよろしくお願いいたします。

敬　具
高橋　勉

[解説]　フランスは世界有数の観光国であるだけに、観光に関するサービスは大変よく行き届いています。主要都市には観光協会 Syndicat d'initiative や観光事務所 Office de tourisme が全国で200ヵ所もあり、宿泊の斡旋、交通機関の案内、名所旧跡の紹介などあらゆる観光業務を行っています。

　観光協会、観光事務所の所在地は、世界的に有名なタイヤ製造会社ミシュランが毎年刊行している「ギッド・ミシュラン」に掲載されています。

> Monsieur,
>
> 　Je souhaiterais passer mes vacances avec ma famille à Saint-Malo cet été. En conséquence[1], je vous serais obligé de bien vouloir m'adresser tous les renseignements utiles sur la ville et ses environs[2] ainsi que les adresses et tarifs des hôtels et pensions.
> 　Pourriez-vous également m'indiquer le port d'embarquement[3] du ferry pour l'Angleterre ainsi que les heures de départ et d'arrivée?
> 　Avec mes remerciements anticipés, je vous prie d'agréer, Monsieur, mes salutations distinguées.
>
> 　　　　　　　　　　　　Tsutomu Takahashi

[注]

1) **en conséquence**：「つきましては」。donc, par suite に言い換えることもできます。
2) **environs**：複数で「周辺」、「界隈」、「近郊」という意味になります。aux environs de... で「～の近くに」、「～の頃に」、「おおよそ～」という前置詞句としても使われます。
3) **port d'embarquement**：「乗船する港」。

参考文献

Améras, Jacques ; Chastrusse, Jean ; Noblecourt, Pierre : *Pratique de communication*, Larousse, 1978.

Chaffurin, Louis : *Le parfait secrétaire*, Larousse, 1954.

Curcio, Michèle : *Manuel du savoir-vivre aujourd'hui*, Tchou, 1981.

Dournon, Jean-Yves : *La Correspondance pratique*, Librairie Générale Française, 1977.

Fontenay, Henri : *La bonne correspondance*, Fernand Nathan, 1966.

Frémy, Dominique et Michèle : *Quid 1981*, Robert Laffont, 1980.

Lichet Raymond : *Ecrire à tout le monde*, Hachette, 1979.

Parlez mieux, Ecrivez mieux : Sélection du Reader's Digest, 1974.

市川慎一『フランス語の手紙』白水社, 1982.

石井晴一, 川端香男里『スタンダード・フランス語講座 5. 手紙と商業文』大修館書店, 1971.

増田俊雄『フランス語・手紙の書き方』白水社, 1961.

日仏文化センター編『フランス留学案内』駿河台出版社, 1975.

付　　録

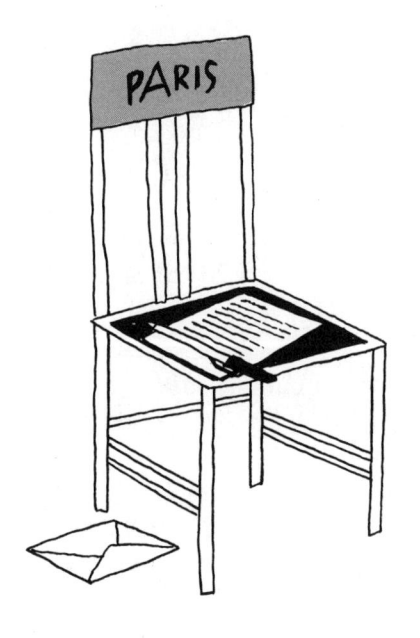

1. 名　　刺 (carte de visite)

　フランスでは日本のように相手かまわず名刺を差し出し、交換するという習慣はありません。しかし、名刺は実際にはいろいろな目的で使用されています。その用途に応じて二種類に分けられます。ひとつは人を訪問したとき相手が留守だった場合とか、初対面の人に自分の住所を教える場合などに使う名刺で、大きさは日本のものより少し大型で、姓名（姓は大文字）、住所、電話番号、職業を印刷します。

```
           Philippe    MARTIN
          AGRÉGÉ  DES  LETTRES
     LECTEUR  A  L'UNIVERSITÉ  D'IWATE


TAKAMATSU-SHUKUSHA 204
TAKAMATSU 4-17-20           TEL : 0196／22-1212
MORIOKA
```

　もうひとつは文章を書き込む私製の葉書に似た名刺です。こちらはクリスマスや新年のあいさつ、お悔やみ、結婚の通知、贈物の添え書きなどに用います。この種の名刺は姓名だけを印刷し、住所や電話番号を書き入れないのが普通です。男性の場合は Monsieur を付けませんが、既婚女性はMadame Philippe MARTIN、あるいは

Madame Ph. MARTIN のように夫の姓名の前に Madame を付けた名刺にします。また、フランスには M. et Mme Ph. MARTIN としるした夫婦共通の名刺もあります。

Madame Philippe MARTIN

vous souhaite
un joyeux Noël et
une bonne année.

M. et Mme Ph. MARTIN

vous présentent leurs
meilleurs vœux à l'occasion
de la nouvelle année.

いずれも名刺にクリスマスや新年のあいさつを書き入れた例ですが、文章は名刺に印刷された名前を主格として三人称で書くことに注意して下さい。

2. 履 歴 書 (curriculum vitae)

姓　名	:	和田　二郎
出生地,生年月日	:	富山県　昭和33年7月20日
国　籍	:	日本
本籍地	:	富山市奥田18番地
現住所	:	東京都練馬区関町4－1－7
身　分	:	独身
学　歴	:	昭和48年―昭和51年富山県立富山高校在学
	:	昭和51年―昭和55年静岡大学工学部電子工学科在学
免　状	:	高等学校卒業
	:	工学士
特　技	:	英語およびフランス語
職　業	:	昭和55年日立製作所入社、現在にいたる

平成16年9月10日　東京にて記す

和田　二郎

CURRICULUM VITAE

Nom et prénom	: WADA Jiro
Date et lieu de naissance	: né le 20 juillet 1958 à Toyama
Nationalité	: japonaise
Domicile légal	: 18 Okuda, Toyama-shi, Japon
Adresse actuelle	: 4-1-7, Seki-machi, Nerima-ku, Tokyo, Japon
Etat civil	: célibataire
Etudes suivies	: 1973-1976 Lycée de Toyama (préfecture de Toyama)
	: 1976-1980 Université de Shizuoka, Faculté de technologie (Section d'électronique)
Diplômes	: Certificat de fin d'études secondaires (1976)
	: Licence de technologie (1980)
Aptitudes	: Bonne connaissance du français et de l'anglais.
Fonction occupée	: Est entré à la Hitachi-Seisakusho Cie, Ltd., le 1er avril 1980.

Tokyo, le 10 septembre 2004

Jiro WADA

別な形式の書き方もありますが、これが一般的です。日本の場合とそれほど違いはありませんが、「身分」état civil, つまり独身か既婚かの欄があります。たとえば、「既婚、子供一人」なら marié, un enfant と書きます。「学歴」は高等学校卒業以降で十分です。大学の場合、いろいろな学部faculté、学科 section があります。たとえば「文学部フランス語フランス文学科」なら Faculté des lettres (Section de langue et de littérature françaises) と書きます。「修士課程」は cours de maîtrise,「博士課程」は cours de doctorat です。また「免状」としての「文学士」は Licence ès [en] lettres ですし、「文学修士」は Maîtrise ès lettres となります。

参考までに代表的な大学の学部名を挙げておきます。

教育学部	faculté de pédagogie
法学部	faculté de droit
経済学部	faculté des sciences économiques
理学部	faculté des sciences
医学部	faculté de médecine
農学部	faculté d'agriculture

3. 証 明 書 (certificat)

フランスへ留学する場合に日本における卒業証明書を必要とすることがあると思います。出身学校に依頼し、証明してもらえばよいのですが、あらかじめフランス語で書いておき、責任者に署名捺印だけをお願いすれば簡単です。

高等学校卒業証書
(フランスのバカロレアと同等)

　下に署名する福島県立福島高等学校長　斎藤礼二は、昭和39年2月14日生れ、山下哲夫が昭和57年3月31日、本校を卒業したことを証明する。

平成16年4月10日
福島県立福島高等学校長
斎藤　礼二

CERTIFICAT DE FIN D'ETUDES SECONDAIRES
(Diplôme équivalent au baccalauréat français)

Je, soussigné, Reiji SAITŌ, directeur du Lycée de Fukushima dépendant de la préfecture de Fukushima, certifie que Tetsuo YAMASHITA, né le 14 février 1964, a obtenu le certificat de fin d'études de mon établissement le 31 mars 1982.

A Fukushima, le 10 avril 2004
Reiji SAITŌ
Directeur du Lycée de Fukushima

大学卒業証明書

　下に署名する東華大学農学部長　林田修は、本籍岡山県、昭和32年10月16日生れ、吉川研次郎が本学農学部の規定に従い農芸化学の課程を修め、昭和50年3月23日農学士の資格を得たことを証明する。

　　　　　　　　　　　平成16年1月20日
　　　　　　　　　　　東華大学農学部長
　　　　　　　　　　　　　　林田　修

CERTIFICAT DE DIPLOME DE LICENCE

　Je, soussigné, Osamu HAYASHIDA, doyen de la faculté d'Agriculture de l'Université de Tôka, certifie que
　Nom et prénom　　: Kenjirô YOSHIKAWA
　Sexe　　　　　　 : masculin
　Date de naissance: 16 octobre 1957
　Domicile légal　 : Okayama
est sorti de l'Université de Tôka, licencié en agronomie (NOGAKUSHI), le 23 mars 1975 et qu'il a suivi les cours de chimie agricole conformément aux règlements de la faculté d'agriculture de ladite université.

　　　　　　　　　Morioka, le 20 janvier 2004

```
        Osamu HAYASHIDA
       Doyen de la Faculté
 d'Agriculture de l'Université de Tôka
        Morioka, Japon
```

4. 電　　報 (télégramme)

　先日の新聞報道によりますと日本では近い将来、電報が全面的に廃止されるとか。電話の発達した今日、どうしても電報を打たなくてはならない場合が少なくなったことは事実でしょう。極言するなら、祝電と弔電以外に利用価値がなくなったといえます。日本に比べれば驚くほど電話が普及していないフランスにおいても、電報よりは電話の方が便利ですし、有利です。しかし、これが対外国となりますと、国際電話も完全自動制となり簡単にかけられるとはいえ、友人知人へ迎えを依頼するとか、ホテルへ到着予定を通知するとかに関しては、まだまだ電報が利用されているようです。

　電文で注意しなければならないのは、大文字を使用すること、一人称の主語、冠詞、前置詞、句読点などは内容が不明にならないかぎり省くことです。電報は英語や日本語（ローマ字）でも打てます。

　1月30日、9時30分リヨン駅に着く、迎え頼む　佐藤
　ARRIVERAI GARE LYON 30 JANV 9H30 PRIERE VENIR SATO

　予定より遅れて3月4日パリに戻る　木田
　RENTRE A PARIS 4 MARS PLUS TARD QUE PREVU KIDA

5. コンピュータと電子メール
(l'ordinateur et le courrier électronique)

　パソコン、インターネット、電子メールなど、情報化社会の新しいツールは驚くほどの勢いでその利用が広まっています。外国とのコミュニケーションの仕方も様変わりし、手紙・電報に代わり、ファックスや電子メールがごく普通に使われるようになりました。新しい時代の通信に対応するために、ここではコンピュータと電子メールについて簡単に述べてみましょう。

■コンピュータ関連用語のフランス語

コンピュータ	l'ordinateur	ワープロ	le traitement de texte
モニター	l'écran	マウス	la souris
キーボード	le clavier	カーソル	le curseur
クリックする	cliquer	フロッピーディスク	la disquette
プリンター	l'imprimante	ソフトウェア	le logiciel
パスワード	le mot de passe	インターネット	l'Internet
電子メール	le courrier électronique または l'e-mail		

■電子メールによる手紙の書き方

　電子メールは、その利便性によって手紙の形式を簡素化したと言われます。例えば、手紙の頭には普通、発信地と日付けを記しますが（*ex*: Tokyo, le 5 mai 2004)、メールではメッセージヘッダなどに記されているために、日付などは不要です。また呼びかけの表現として、メールでは多くの場合、Bonjour Christian, Cher Christian などの親しみの表現を用い、そのあとすぐに用件を切り出すのが普通です。文章はなるべく短く簡単にが原則です。また結びの表現も、手紙では Je vous prie d'agréer, Monsieur,... といったかしこまった表現がよく使われますが、メールでは Sincères salutations などの簡単な表現ですませるのがむしろ普通です。

　電子メールで送受信する場合、よく起きるトラブルが文字化けです。メールやインターネットで〈mus 馥〉などの見慣れない文字が出ることがありますが、これらはアクサン記号のついたものが文字化けしたものです。これを正しい表示にするには、例えば Outlook Express の場合、[表示] - [エンコード] で [西ヨーロッパ言語] を選択すればなおるはずです。

6. 県別郵便番号 (numéros de code des départements)

　この頃、郵便番号を採用する国が多くなってきましたが、フランスにも各県別の郵便番号があります。フランスの郵便番号は五桁で、最初の二桁が各県のコード番号、下三桁が局番（パリは区番号）です。日本と違うのは各県のコード番号が a, b, c 順になっている点です。

01	Ain	23	Creuse
02	Aisne	24	Dordogne
03	Allier	25	Doubs
04	Alpes de Haute-Provence	26	Drôme
		27	Eure
05	Hautes-Alpes	28	Eure-et-Loir
06	Alpes-Maritimes	29	Finistère
07	Ardèche	30	Gard
08	Ardennes	31	Haute-Garonne
09	Ariège	32	Gers
10	Aube	33	Gironde
11	Aude	34	Hérault
12	Aveyron	35	Ille-et-Vilaine
13	Bouches-du-Rhône	36	Indre
14	Calvados	37	Indre-et-Loire
15	Cantal	38	Isère
16	Charente	39	Jura
17	Charente-Maritime	40	Landes
18	Cher	41	Loir-et-Cher
19	Corrèze	42	Loire
20	Corse	43	Haute-Loire
21	Côte-D'Or	44	Loire-Atlantique
22	Côtes-du-Nord	45	Loiret

46	Lot	71	Saône-et-Loire
47	Lot-et-Garonne	72	Sarthe
48	Lozère	73	Savoie
49	Maine-et-Loire	74	Haute-Savoie
50	Manche	75	Paris
51	Marne	76	Seine-Maritime
52	Haute-Marne	77	Seine-et-Marne
53	Mayenne	78	Yvelines
54	Meurthe-et-Moselle	79	Deux-Sèvres
55	Meuse	80	Somme
56	Morbihan	81	Tarn
57	Moselle	82	Tarn-et-Garonne
58	Nièvre	83	Var
59	Nord	84	Vaucluse
60	Oise	85	Vendée
61	Orne	86	Vienne
62	Pas-de-Calais	87	Haute-Vienne
63	Puy-de-Dôme	88	Vosges
64	Pyrénées-Atlantiques	89	Yonne
65	Hautes-Pyrénées	90	Territoire de Belfort
66	Pyrénées-Orientales	91	Essonne
67	Bas-Rhin	92	Hauts-de-Seine
68	Haut-Rhin	93	Seine-Saint-Denis
69	Rhône	94	Val-de-Marne
70	Haute-Saône	95	Val-d'Oise

　以上は県ですがパリの行政区分は、ルーヴル宮殿を含む第一区を中心に右廻りで二十区まであります。たとえばモンマルトルは第十八区ですから郵便番号は75018となります。

さくいん

〔あ〕

相変らず	160
相手の安否を問う	19
あいにく	109,114
あえて〜する	27, 131, 153
悪しからず	120,150
宛名	15
アパルトマン	122
あらかじめお礼を	155
あらためてお礼を言う	74
ありがとうございます	62,65,70,86
安心して	70
案内する	36,74,79,88,144
案内役	126

〔い〕

いかがおすごしですか	82,92
急いで	148
忙しい	83
（〜して）いただく	39
（〜して）いただけませんか	107,143,156,144
（〜が）痛む	97
一段落したら	139
一日も早く	91,94
一筆書く	97
今から	102
依頼する	20,88,131

〔う〕

受け取る	30,66,88
運賃込み	149

〔え〕

遠慮なく〜する	69

〔お〕

お祈りする	45,46,91
（招待を）お受けする	103,104
往路	134
おかげで	64,65,72
お体を大切に	92
お変わりなくおすごしのことと	72,107
送る	48,80,162
教える	117,156,157,158
お世話になる	64,72
遅くなる	84

お手数ですが	144	感激する	86
訪れる	126	感じのよい	118
驚く	90,94,112,138,164	感謝する	65,72,114
お願いする		(〜に)関する	152,157,166
	142,144,145,146,149,158,159	がんばって下さい	55
おぼえている	42		
おめでとう(合格)	48,60	〔き〕	
おめでとう(結婚)	47	気が合う	120
おめでとう(婚約)	47	気さく	120
おめでとう(卒業)	48	気付	15
おめでとう(誕生)	48	気に入る	118,121
おめでとう(誕生日)	46,54	期末試験	82
思い出	65,74,134	給費留学生	120,122
お許し下さい	72,80,104,108	恐縮する	40,63
折り返し	149	恐縮ですが	144,145,150
おわびする	78,80,81,114	興味をもつ	124
		挙行される	113
〔か〕		帰路	134
海外旅行	36		
外国人向け	152,154,166	〔く〕	
快適	134	空港	128,132,144
回復する	91,95	(〜して)下さい	143,157
価格	148	(〜して)下さる	87
(時間が)かかる	85,94	くつろぐ	110
夏期講座	42,154,157	クリスマス	45,50
下記のとおり	126,131,138	詳しく	30
重ねて〜する	49,53,109		
重ねて礼を言う	66,70	〔け〕	
カタログ	143,162	けが	96
家庭教師	125	下宿	166
家内からもよろしくと	106	下宿する	72

結婚式	79	〔さ〕	
結婚する	56,112		
懸念する	71	最後に	120
元気ですごす	31,42	再版	163
健康を祈る	46,52,54,58	幸いです	122,143,157,162
研修旅行	146	(〜し) さえすればよい	127
県別郵便番号	180〜181	差出人	15
〔こ〕		早急に	164
		早速	86,141
光栄に思う	103	さもなければ	163
航空会社	110	残念です	79,80,82,86,104
航空便	68,85,154,162	残念ながら	54,56,79,86,88,131
交通事故	91,96	〔し〕	
購入する	148		
語学研修	150	至急	159,162
語学講座	152,154	自己紹介する	30,36,40,123,152
国際返信用切手	154	時差	135
心から	46,47,63	〜次第	129
心丈夫	132	〜したばかり	106
心遣い	63	失礼を顧みずに〜する	28,123
心強い	70	〜してから〜たつ	73
心のこもった	63	品物	159
心ばかりの	65	姉妹都市	40
心を痛める	91	住所	13,15,126,136,157
個人教授	143	就職	130,136
個人レッスン	146	周辺	169
小包	66	週末	79,104
この間	83	宿泊施設	152
ご返事をお待ちしつつ	103	宿泊申込書	154
コンピュータ	180	出席してもらう	113
		出席する	64,103,114

趣味	30,35	末永い幸せ	47,56
受領する	140	すぐに	82
準備	132	スケジュール	88
紹介する	116,120,126,146		
奨学生試験	130	〔せ〕	
上記の	136	絶版	131,162
詳細	129	ぜひ〜したい	113
消息	43,156	世話になる	134
招待する	101,103,112	前便	132
(〜に) 上達する	34,153	前文	18
情報	122,126,143,166	―お礼を述べる	19
証明書	176	―知らせをもらい喜ぶ	19
―高等学校卒業証書	179	―手紙の目的を述べる	18
―大学卒業証書	178	―無沙汰をわびる	19
書種指定	15	先約	79,104,109
書籍代	140		
暑中お見舞い	92,98	〔そ〕	
書店	162	相談相手になる	118,120
署名	13	送付する	164
知らせる	128,130,131,132,136	送料	140
知り合う	138	卒業する	37,49
資料	152,157	卒論	148
新学期	60	それではこの辺で	61
新居	138		
新婚旅行	138	〔た〕	
新年のあいさつ	45,46	退院する	92,94
心配して	122	代金	148
心配する	76,91,132	退屈する	94
		滞在 (する)	88,110,122
〔す〕		大丈夫	96
推薦する	117	大ニュース	130,131

大変うれしく思う	28,34,38,56,63,76
(〜する) だけ	132
楽しみにする	74,86,102,106,108,132,135
頼む	84
便りを待つ	32,36,84
誕生	130
誕生日	66
団体旅行	74

〔ち〕

近いうちに	124
中学校	77
中止する	94
注文する	68,140,158,164
注文の品	131
調査する	159,164
ちょうどよい	67

〔つ〕

追伸	13
通知する	20,102,112,130,140
つきましては	169
都合がいい	119
都合が悪い	102,106,146
謹んで〜する	52,129,141
勤め先	136

〔て〕

適当な	158
できるだけ	68
できるだけ長く	29
できるだけ早く	33
電子メール	180
電話番号	117,120

〔と〕

問い合わせる	158,162,164
—ある程度親しい人	17
—親しい友人	17
—商業文	16
—高い地位にある人	16
—面識がないかあるいはほとんど知らない人	16
到着時間	110
(〜は) どうですか	104,107
同封の	155
ときどき	76
独身生活	56
年上	138
突然お手紙を差し上げる	27,41
泊まる	110,136
とりあえず〜する	129

〔な〕

仲良くなる	124
亡くなる	130
なつかしく思う	42
なんとお礼をいったらいいか	63,68,70

〔に〕

日時	132
日程表	154
入院する	90,95
入学願書	144,154

〔ね〕

年頭にあたり	52
年末	50

〔の〕

のみの市	74

〔は〕

バカンス	60,88,92,93,98,157,168
発信地	13
話し相手	112

〔ひ〕

久しく〜していない	107
久しぶりに	31
避暑地	99
日付	13
引越す	137
必要である	149
暇	100
暇がない	72
病気	91,94
披露宴	102,103,113,114
便せん	13

〔ふ〕

ファックス	152
封筒	15
無沙汰する	31,78,160
無事	134
フライト・ナンバー	110
プレゼントする	50
プログラム	157
文通する	28,29,40
文通の相手	29,40

〔へ〕

変更する	131
ペンション	168
返事を待つ	21,32,33,122,150
ペンを取る	142,147

〔ほ〕

報告する	129
ホームステイ	167
ホスト・ファミリー	72,140
ホテル	151,152,158
本件に関し	158

〔ま〕

前もってお礼を	152
間違える	80,81
末文	20
―お礼をもう一度述べる	22
―この辺でペンを置く	23

—再会を期待する 21
　—前もってお礼を述べる 22
　—迷惑かけたことを
　　おわびする 23
　—よろしくお伝え願う 22
間に合うように 167
招く 86
まもなく 84,118,121

〔み〕

未着 159
皆様お変りなく 148

〔む〕

迎えに行く 110,138,144
迎える 70
結びの言葉 23
　—ある程度親しい人 24
　—親しい友人 24
　—目上の人や未知の
　　人に対して 23
夢中になる 76

〔め〕

名刺 172,173
迷惑でなければ 144
面会する 145

〔も〕

申し訳ない 78,79,80,84,88,96

〔や〕

約束する 82,88
役に立つ 168
家賃 122
屋根裏部屋 75

〔ゆ〕

有益な 126
ユースホステル 158
郵便局 164
郵便振込み 141

〔よ〕

ようやく 136
(〜する) 予定です 129,132
予定通り 94,129
予約する 70,143,150
余裕がある 136
喜んで 64,103,130
喜んで〜する 37,111,114
よろしくお願いする
　　38,40,118,146,148,150,154
よろしく伝える
　　33,59,72,87,108,134

〔り〕

留学する 40,152
流暢に 126
了承を得る 120

履歴書	174〜176	連絡する	
〔れ〕			118,120,124,126,129,131
連絡先	28		

やさしいフランス語の手紙の書き方

2000年4月10日　新装版発行
2004年5月10日　新装版2刷発行

　　　　　　　　　著　者　渡辺洋・藤田裕二・シルヴィ・ジレ
　　　　　　　　　発行者　竹　下　晴　信
　　　　　　　　　印刷所　凸版印刷株式会社
　　　　　　　　　製本所　凸版印刷株式会社

　　　　　　　　　発行所　株式会社　評　論　社
　　　　　　　　　（〒162-0815）東京都新宿区筑土八幡町2-21
　　　　　　　　　電話 営業(03)3260-9409　FAX(03)3260-9408
　　　　　　　　　　　編集(03)3260-9406　振替 00180-1-7294

ISBN4-566-05725-9　　　落丁・乱丁本は本社にておとりかえいたします。